FRAGMENTOS DE EVANGELIOS APÓCRIFOS

EDMUNDO GONZÁLEZ BLANCO

ÍNDICE

Prefacio   v

1. Evangelio de Santiago   1
2. Evangelio del pseudo-Mateo   20
3. Evangelio de la Natividad de María   62
4. Evangelio de Santo Tomás   74
    (Redacción griega)
5. Evangelio de Santo Tomás   84
    (redacción latina)
6. Evangelio árabe de la infancia   94
7. Evangelio de Pedro   139
8. Historia de José el carpintero   148
    (redacción árabe)
9. Historia de José el carpintero   166
    (redacción copta)
10. Evangelio de Nicodemo   187
11. Evangelio de Felipe   230
12. Evangelio de Bartolomé   232
13. Evangelio de Bernabé   236

PREFACIO

Los Evangelios apócrifos son una colección de textos religiosos que presentan narrativas relacionadas con la vida y enseñanzas de Jesucristo, pero que no fueron incluidos en el canon oficial del Nuevo Testamento de la Biblia cristiana. La palabra "apócrifo" proviene del griego y significa "oculto" o "secreto", y estos evangelios a menudo fueron considerados como escritos de autoría dudosa o que contenían enseñanzas no ortodoxas.

Es importante destacar que estos evangelios apócrifos no fueron incluidos en la versión final del Nuevo Testamento en gran parte debido a razones históricas, teológicas y políticas. La Iglesia primitiva seleccionó ciertos textos que se consideraban más consistentes con su doctrina y enseñanzas, y los consideró como el canon oficial. Los evangelios apócrifos, aunque no forman parte del canon oficial, han sido objeto de estudio por parte de eruditos religiosos y arrojan luz sobre algunas de las creencias y tradiciones de las comunidades cristianas antiguas.

1
EVANGELIO DE SANTIAGO

Sufrimiento de Joaquín

I 1. Consta en las historias de las doce tribus de Israel que había un hombre llamado Joaquín, rico en extremo, el cual aportaba ofrendas dobles, diciendo: El excedente de mi ofrenda será para todo el pueblo, y lo que ofrezca en expiación de mis faltas será para el Señor, a fin de que se me muestre propicio.

2. Y, habiendo llegado el gran día del Señor, los hijos de Israel aportaban sus ofrendas. Y Rubén se puso ante Joaquín, y le dijo: No te es lícito aportar tus ofrendas el primero, porque no has engendrado, en Israel, vástago de posteridad.

3. Y Joaquín se contristó en gran medida, y se dirigió a los archivos de las doce tribus de Israel, diciéndose: Veré en los archivos de las doce tribus si soy el único que no ha engendrado vástago en Israel. E hizo perquisiciones, y halló que todos los justos habían procreado descendencia en Israel. Mas se acordó del pa-

triarca Abraham, y de que Dios, en sus días postrimeros, le había dado por hijo a Isaac.

4. Y Joaquín quedó muy afligido, y no se presentó a su mujer, sino que se retiró al desierto. Y allí plantó su tienda, y ayunó cuarenta días y cuarenta noches, diciendo entre sí: No comeré, ni beberé, hasta que el Señor, mi Dios, me visite, y la oración será mi comida y mi bebida.

Sufrimiento de Ana

II 1. Y Ana, mujer de Joaquín, se deshacía en lágrimas, y lamentaba su doble aflicción, diciendo: Lloraré mi viudez, y lloraré también mi esterilidad.

2. Y, habiendo llegado el gran día del Señor, Judith, su sierva, le dijo: ¿Hasta cuándo este abatimiento de tu corazón? He aquí llegado el gran día del Señor, en que no te es lícito llorar. Mas toma este velo, que me ha dado el ama del servicio, y que yo no puedo ceñirme, porque soy una sierva, y él tiene el signo real.

3. Y Ana dijo: Apártate de mi lado, que no me pondré eso, porque el Señor me ha humillado en gran manera. Acaso algún perverso te ha dado ese velo, y tú vienes a hacerme cómplice de tu falta. Y Judith respondió: ¿Qué mal podría desearte, puesto que el Señor te ha herido de esterilidad, para que no des fruto en Israel?

4. Y Ana, sumamente afligida, se despojó de sus vestidos de duelo, y se lavó la cabeza, y se puso su traje nupcial, y, hacia la hora de nona, bajó al jardín, para pasearse. Y vio un laurel, y se colocó bajo su sombra, y rogó al Señor, diciendo: Dios de mis padres, bendíceme, y acoge mi plegaria, como bendijiste las entrañas de Sara, y le diste a su hijo Isaac.

Trenos de Ana

III 1. Y, levantando los ojos al cielo, vio un nido de gorriones, y lanzó un gemido, diciéndose: ¡Desventurada de mí! ¿Quién me ha engendrado, y qué vientre me ha dado a luz? Porque me he convertido en objeto de maldición para los hijos de Israel, que me han ultrajado y expulsado con irrisión del templo del Señor.

2. ¡Desventurada de mí! ¿A quién soy semejante? No a los pájaros del cielo, porque aun los pájaros del cielo son fecundos ante ti, Señor.

3. ¡Desventurada de mí! ¿A quién soy semejante? No a las bestias de la tierra, porque aun las bestias de la tierra son fecundas ante ti, Señor.

4. ¡Desventurada de mí! ¿A quién soy semejante? No a estas aguas, porque aun estas aguas son fecundas ante ti, Señor.

5. ¡Desventurada de mí! ¿A quién soy semejante? No a esta tierra, porque aun esta tierra produce fruto a su tiempo, y te bendice, Señor.

La promesa divina

IV 1. Y he aquí que un ángel del Señor apareció, y le dijo: Ana, Ana, el Señor ha escuchado y atendido tu súplica. Concebirás, y parirás, y se hablará de tu progenitura en toda la tierra. Y Ana dijo: Tan cierto como el Señor, mi Dios, vive, si yo doy a luz un hijo, sea varón, sea hembra, lo llevaré como ofrenda al Señor, mi Dios, y permanecerá a su servicio todos los días de su vida.

2. Y he aquí que dos mensajeros llegaron a ella, diciéndole: Joaquín tu marido viene a ti con sus rebaños. Porque un ángel del Señor ha descendido hasta él, diciéndole: Joaquín, Joaquín, el Señor ha oído y aceptado

tu ruego. Sal de aquí, porque tu mujer Ana concebirá en su seno.

3. Y Joaquín salió, y llamó a sus pastores, diciendo: Traedme diez corderos sin mácula, y serán para el Señor mi Dios; y doce terneros, y serán para los sacerdotes y para el Consejo de los Ancianos; y cien cabritos, y serán para los pobres del pueblo.

4. Y he aquí que Joaquín llegó con sus rebaños, y Ana, que lo esperaba en la puerta de su casa, lo vio venir, y, corriendo hacia él, le echó los brazos al cuello, diciendo: Ahora conozco que el Señor, mi Dios, me ha colmado de bendiciones; porque era viuda, y ya no lo soy; estaba sin hijo, y voy a concebir uno en mis entrañas. Y Joaquín guardó reposo en su hogar aquel primer día.

Concepción de María

V 1. Y, al día siguiente, presentó sus ofrendas, diciendo entre sí de esta manera: Si el Señor Dios me es propicio, me concederá ver el disco de oro del Gran Sacerdote. Y, una vez hubo presentado sus ofrendas, fijó su mirada en el disco del Gran Sacerdote, cuando éste subía al altar, y no notó mancha alguna en sí mismo. Y Joaquín dijo: Ahora sé que el Señor me es propicio, y que me ha perdonado todos mis pecados. Y salió justificado del templo del Señor, y volvió a su casa.

2. Y los meses de Ana se cumplieron, y, al noveno, dio a luz. Y preguntó a la partera: ¿Qué he parido? La partera contestó: Una niña. Y Ana repuso: Mi alma se ha glorificado en este día. Y acostó a la niña en su cama. Y, transcurridos los días legales, Ana se lavó, dio el pecho a la niña, y la llamó María.

Fiesta del primer año

VI 1. Y la niña se fortificaba de día en día. Y, cuando tuvo seis meses, su madre la puso en el suelo, para ver si se mantenía en pie. Y la niña dio siete pasos, y luego avanzó hacia el regazo de su madre, que la levantó, diciendo: Por la vida del Señor, que no marcharás sobre el suelo hasta el día que te lleve al templo del Altísimo. Y estableció un santuario en su dormitorio, y no le dejaba tocar nada que estuviese manchado, o que fuese impuro. Y llamó a las hijas de los hebreos que se conservaban sin mancilla, y que entretenían a la niña con sus juegos.

2. Y, cuando la niña llegó a la edad de un año, Joaquín celebró un gran banquete, e invitó a él a los sacerdotes y a los escribas y al Consejo de los Ancianos y a todo el pueblo israelita. Y presentó la niña a los sacerdotes, y ellos la bendijeron, diciendo: Dios de nuestros padres, bendice a esta niña, y dale un nombre que se repita siglos y siglos, a través de las generaciones. Y el pueblo dijo: Así sea, así sea. Y Joaquín la presentó a los príncipes de los sacerdotes, y ellos la bendijeron, diciendo: Dios de las alturas, dirige tu mirada a esta niña, y dale una bendición suprema.

3. Y su madre la llevó al santuario de su dormitorio, y le dio el pecho. Y Ana entonó un cántico al Señor Dios, diciendo: Elevará un himno al Señor mi Dios, porque me ha visitado, y ha alejado de mí los ultrajes de mis enemigos, y me ha dado un fruto de su justicia a la vez uno y múltiple ante Él. ¿Quién anunciará a los hijos de Rubén que Ana amamanta a un hijo? Sabed, sabed, vosotras las doce tribus de Israel, que Ana amamanta a un hijo. Y dejó reposando a la niña en el santuario del dormitorio, y salió, y sirvió a los invitados.

Y, terminado el convite, todos salieron llenos de júbilo, y glorificando al Dios de Israel.

Consagración de María en el templo

VII 1. Y los meses se sucedían para la niña. Y, cuando llegó a la edad de dos años, Joaquín dijo: Llevémosla al templo del Señor, para cumplir la promesa que le hemos hecho, no sea que nos la reclame, y rechace nuestra ofrenda. Y Ana respondió: Esperemos al tercer año, a fin de que la niña no nos eche de menos. Y Joaquín repuso: Esperemos.

2. Y, cuando la niña llegó a la edad de tres años, Joaquín dijo: Llamad a las hijas de los hebreos que estén sin mancilla, y que tome cada cual una lámpara, y que estas lámparas se enciendan, para que la niña no vuelva atrás, y para que su corazón no se fije en nada que esté fuera del templo del Señor. Y ellas hicieron lo que se les mandaba, hasta el momento en que subieron al templo del Señor. Y el Gran Sacerdote recibió a la niña, y, abrazándola, la bendijo, y exclamó: El Señor ha glorificado tu nombre en todas las generaciones. Y en ti, hasta el último día, el Señor hará ver la redención por Él concedida a los hijos de Israel.

3. E hizo sentarse a la niña en la tercera grada del altar, y el Señor envió su gracia sobre ella, y ella danzó sobre sus pies y toda la casa de Israel la amó.

Pubertad de María

VIII 1. Y sus padres salieron del templo llenos de admiración, y glorificando al Omnipotente, porque la niña no se había vuelto atrás. Y María permaneció en el templo del Señor, nutriéndose como una paloma, y recibía su alimento de manos de un ángel.

2. Y, cuando llegó a la edad de doce años, los sacerdotes se congregaron, y dijeron: He aquí que María ha llegado a la edad de doce años en el templo del Señor. ¿Qué medida tomaremos con ella, para que no mancille el santuario? Y dijeron al Gran Sacerdote: Tú, que estás encargado del altar, entra y ruega por María, y hagamos lo que te revele el Señor.

3. Y el Gran Sacerdote, poniéndose su traje de doce campanillas, entró en el Santo de los Santos, y rogó por María. Y he aquí que un ángel del Señor se le apareció, diciéndole: Zacarías, Zacarías, sal y reúne a todos los viudos del pueblo, y que éstos vengan cada cual con una vara, y aquel a quien el Señor envíe un prodigio, de aquel será María la esposa. Y los heraldos salieron, y recorrieron todo el país de Judea, y la trompeta del Señor resonó, y todos los viudos acudieron a su llamada.

José, guardián de María

IX 1. Y José, abandonando sus herramientas, salió para juntarse a los demás viudos, y, todos congregados, fueron a encontrar al Gran Sacerdote. Este tomó las varas de cada cual, penetró en el templo, y oró. Y, cuando hubo terminado su plegaria, volvió a tomar las varas, salió, se las devolvió a sus dueños respectivos, y no notó en ellas prodigio alguno. Y José tomó la última, y he aquí que una paloma salió de ella, y voló sobre la cabeza del viudo. Y el Gran Sacerdote dijo a José: Tú eres el designado por la suerte, para tomar bajo tu guarda a la Virgen del Señor.

2. Mas José se negaba a ello, diciendo: Soy viejo, y tengo hijos, al paso que ella es una niña. No quisiera servir de irrisión a los hijos de Israel. Y el Gran Sacerdote respondió a José: Teme al Señor tu Dios, y re-

cuerda lo que hizo con Dathan, Abiron y Coré, y cómo, entreabierta la tierra, los sumió en sus entrañas, a causa de su desobediencia. Teme, José, que no ocurra lo mismo en tu casa.

3. Y José, lleno de temor, recibió a María bajo su guarda, diciéndole: He aquí que te he recibido del templo del Señor, y que te dejo en mi hogar. Ahora voy a trabajar en mis construcciones, y después volveré cerca de ti. Entretanto, el Señor te protegerá.

El velo del templo

X 1. Y he aquí que los sacerdotes se reunieron en consejo, y dijeron: Hagamos un velo para el templo del Señor. Y el Gran Sacerdote dijo: Traedme jóvenes sin mancilla de la casa de David. Y los servidores fueron a buscarlas, y encontraron siete jóvenes. Y el Gran Sacerdote se acordó de María, y de que era de la tribu de David, y de que permanecía sin mancilla ante Dios. Y los servidores partieron, y la trajeron.

2. E introdujeron a las jóvenes en el templo del Señor, y el Gran Sacerdote dijo: Echad a suertes sobre cuál hilará el oro, el jacinto, el amianto, la seda, el lino fino, la verdadera escarlata y la verdadera púrpura. Y la verdadera escarlata y la verdadera púrpura tocaron a María, que, habiéndolas recibido, volvió a su casa. Y, en este momento, Zacarías quedó mudo, y Samuel lo reemplazó en sus funciones, hasta que recobró la palabra. Y María tomó la escarlata, y empezó a hilarla.

La anunciación

XI 1. Y María tomó su cántaro, y salió para llenarlo de agua. Y he aquí que se oyó una voz, que decía: Salve, María, llena eres de gracia. El Señor es contigo, y bendita eres entre todas las mujeres. Y ella miró en torno suyo, a derecha e izquierda, para ver de dónde venía la voz. Y, toda temblorosa, regresó a su casa, dejó el cántaro, y, tomando la púrpura, se sentó, y se puso a hilar.

2. Y he aquí que un ángel del Señor se le apareció, diciéndole: No temas, María, porque has encontrado gracia ante el Dueño de todas las cosas, y concebirás su Verbo. Y María, vacilante, respondió: Si debo concebir al Dios vivo, ¿daré a luz como toda mujer da?

3. Y el ángel del Señor dijo: No será así, María, porque la virtud del Señor te cubrirá con su sombra, y el ser santo que de ti nacerá se llamará Hijo del Altísimo. Y le darás el nombre de Jesús, porque librará a su pueblo de sus pecados. Y María dijo: He aquí la esclava del Señor. Hágase en mí según tu palabra.

La visitación

XII 1. Y siguió trabajando en la púrpura y en la escarlata, y, concluida su labor, la llevó al Gran Sacerdote. Y éste la bendijo, y exclamó: María, el Señor Dios ha glorificado tu nombre, y serás bendita en todas las generaciones de la tierra.

2. Y María, muy gozosa, fue a visitar a Isabel, su prima. Y llamó a la puerta. E Isabel, habiéndola oído, dejó su escarlata, corrió a la puerta, y abrió. Y, al ver a María, la bendijo, y exclamó: ¿De dónde que la madre de mi Señor venga a mí? Porque el fruto de mi vientre ha saltado dentro de mí, y te ha bendecido. Pero María había olvidado los misterios que el arcángel Gabriel le revelara, y, alzando los ojos al cielo, dijo: ¿Quién soy, Señor, que todas las generaciones de la tierra me bendicen?

3. Y pasó tres meses con Isabel. Y, de día en día, su

embarazo avanzaba, y, poseída de temor, volvió a su casa, y se ocultó a los hijos de Israel. Y tenía dieciséis años cuando estos misterios se cumplieron.

Vuelta de José

XIII 1. Y llegó el sexto mes de embarazo, y he aquí que José volvió de sus trabajos de construcción, y, entrando en su morada, la encontró encinta. Y se golpeó el rostro, y se echó a tierra sobre un saco, y lloró amargamente, diciendo: ¿En qué forma volveré mis ojos hacia el Señor mi Dios? ¿Qué plegaria le dirigiré con relación a esta jovencita? Porque la recibí pura de los sacerdotes del templo, y no he sabido guardarla. ¿Quién ha cometido tan mala acción, y ha mancillado a esta virgen? ¿Es que se repite en mí la historia de Adán? Bien como, en la hora misma en que éste glorificaba a Dios, llegó la serpiente y, encontrando a Eva sola, la engañó, así me ha ocurrido a mí.

2. Y José se levantó del saco, y llamó a María, y le dijo: ¿Qué has hecho, tú, que eres predilecta de Dios? ¿Has olvidado a tu Señor? ¿Cómo te has atrevido a envilecer tu alma, después de haber sido educada en el Santo de los Santos, y de haber recibido de manos de un ángel tu alimento?

3. Pero ella lloró amargamente, diciendo: Estoy pura y no he conocido varón. Y José le dijo: ¿De dónde viene entonces lo que llevas en tus entrañas? Y María repuso: Por la vida del Señor mi Dios, que no sé cómo esto ha ocurrido.

José, confortado por un ángel

XIV 1. Y José, lleno de temor, se alejó de María, y se preguntó cómo obraría a su respecto. Y dijo: Si oculto su falta, contravengo la ley del Señor, y, si la denuncio a los hijos de Israel, temo que el niño que está en María no sea de un ángel, y que entregue a la muerte a un ser inocente. ¿Cómo procederé, pues, con María? La repudiaré secretamente. Y la noche lo sorprendió en estos pensamientos amargos.

2. Y he aquí que un ángel del Señor le apareció en sueños, y le dijo: No temas por ese niño, pues el fruto que está en María procede del Espíritu Santo, y dará a luz un niño, y llamarás su nombre Jesús, porque salvará al pueblo de sus pecados. Y José se despertó, y se levantó, y glorificó al Dios de Israel, por haberle concedido aquella gracia, y continuó guardando a María.

José ante el Gran Sacerdote

XV 1. Y el escriba Anás fue a casa de José, y le preguntó: ¿Por qué no has aparecido por nuestra asamblea? Y José repuso: El camino me ha fatigado, y he querido reposar el primer día. Y Anás, habiendo vuelto la cabeza, vio que María estaba embarazada.

2. Y corrió con apresuramiento cerca del Gran Sacerdote, y le dijo: José, en quien has puesto toda tu confianza, ha pecado gravemente contra la ley. Y el Gran Sacerdote lo interrogó: ¿En qué ha pecado? Y el escriba respondió: Ha mancillado y consumado a hurtadillas matrimonio con la virgen que recibió del templo del Señor, sin hacerlo conocer a los hijos de Israel. Y el Gran Sacerdote exclamó: ¿José ha hecho eso? Y el escriba Anás dijo: Envía servidores, y comprobarás que la joven se halla encinta. Y los servidores partieron, y encontraron a la doncella como había dicho el escriba, y condujeron a María y a José para ser juzgados.

3. Y el Gran Sacerdote prorrumpió, lamentándose: ¿Por qué has hecho esto, María? ¿Por qué has envile-

cido tu alma, y te has olvidado del Señor tu Dios? Tú, que has sido educada en el Santo de los Santos, que has recibido tu alimento de manos de un ángel, que has oído los himnos sagrados, y que has danzado delante del Señor, ¿por qué has hecho esto? Pero ella lloró amargamente, y dijo: Por la vida del Señor mi Dios, estoy pura, y no conozco varón.

4. Y el Gran Sacerdote dijo a José: ¿Por qué has hecho esto? Y José dijo: Por la vida del Señor mi Dios, me hallo libre de todo comercio con ella. Y el Gran Sacerdote insistió: ¡No rindas falso testimonio, confiesa la verdad! Tú has consumado a hurtadillas el matrimonio con ella, sin revelarlo a los hijos de Israel, y no has inclinado tu frente bajo la mano del Todopoderoso, a fin de que tu raza sea bendita. Y José se calló.

La prueba del agua

XVI 1. Y el Gran Sacerdote dijo: Devuelve a esta virgen que has recibido del templo del Señor. Y José lloraba abundantemente. Y el Gran Sacerdote dijo: Os haré beber el agua de prueba del Señor, y Él hará aparecer vuestro pecado a vuestros ojos.

2. Y, habiendo tomado el agua del Señor, el Gran Sacerdote dio a beber a José, y lo envió a la montaña, y éste volvió sano. Y dio asimismo de beber a María, y volvió también de ésta indemne. Y todo el pueblo quedó admirado de que pecado alguno se hubiera revelado en ellos.

3. Y el Gran Sacerdote dijo: Puesto que el Señor Dios no ha hecho aparecer la falta de que se os acusa, yo tampoco quiero condenaros. Y los dejó marchar absueltos. Y José acompañó a María, y volvió con ella a su casa, lleno de júbilo y glorificando al Dios de Israel.

Visión de los dos pueblos

XVII 1. Y llegó un edicto del emperador Augusto, que ordenaba se empadronasen todos los habitantes de Bethlehem de Judea. Y José dijo: Voy a inscribir a mis hijos. Pero ¿qué haré con esta muchacha? ¿Cómo la inscribiré? ¿Como mi esposa? Me avergonzaría de ello. ¿Como mi hija? Pero todos los hijos de Israel saben que no lo es. El día del Señor será como quiera el Señor.

2. Y ensilló su burra, y puso sobre ella a María, y su hijo llevaba la bestia por el ronzal, y él los seguía. Y, habiendo caminado tres millas, José se volvió hacia María, y la vio triste, y dijo entre sí de esta manera: Sin duda el fruto que lleva en su vientre la hace sufrir. Y por segunda vez se volvió hacia la joven, y vio que reía, y le preguntó: ¿Qué tienes, María, que encuentro tu rostro tan pronto entristecido como sonriente? Y ella contestó: Es que mis ojos contemplan dos pueblos, uno que llora y se aflige estrepitosamente, y otro que se regocija y salta de júbilo.

3. Y, llegados a mitad de camino, María dijo a José: Bájame de la burra, porque lo que llevo dentro me abruma, al avanzar. Y él la bajó de la burra, y le dijo: ¿Dónde podría llevarte, y resguardar tu pudor? Porque este lugar está desierto.

Pausa en la naturaleza

XVIII 1. Y encontró allí mismo una gruta, e hizo entrar en ella a María. Y, dejando a sus hijos cerca de ésta, fue en busca de una partera al país de Bethlehem.

2. Y yo, José, avanzaba, y he aquí que dejaba de avanzar. Y lanzaba mis miradas al aire, y veía el aire lleno de terror. Y las elevaba hacia el cielo, y lo veía

inmóvil, y los pájaros detenidos. Y las bajé hacia la tierra, y vi una artesa, y obreros con las manos en ella, y los que estaban amasando no amasaban. Y los que llevaban la masa a su boca no la llevaban, sino que tenían los ojos puestos en la altura. Y unos carneros conducidos a pastar no marchaban, sino que permanecían quietos, y el pastor levantaba la mano para pegarles con su vara, y la mano quedaba suspensa en el vacío. Y contemplaba la corriente del río, y las bocas de los cabritos se mantenían a ras de agua y sin beber. Y, en un instante, todo volvió a su anterior movimiento y a su ordinario curso.

El hijo de María, en la gruta

XIX 1. Y he aquí que una mujer descendió de la montaña, y me preguntó: ¿Dónde vas? Y yo repuse: En busca de una partera judía. Y ella me interrogó: ¿Eres de la raza de Israel? Y yo le contesté: Sí. Y ella replicó: ¿Quién es la mujer que pare en la gruta? Y yo le dije: Es mi desposada. Y ella me dijo: ¿No es tu esposa? Y yo le dije: Es María, educada en el templo del Señor, y que se me dio por mujer, pero sin serlo, pues ha concebido del Espíritu Santo. Y la partera le dijo: ¿Es verdad lo que me cuentas? Y José le dijo: Ven a verlo. Y la partera siguió.

2. Y llegaron al lugar en que estaba la gruta, y he aquí que una nube luminosa la cubría. Y la partera exclamó: Mi alma ha sido exaltada en este día, porque mis ojos han visto prodigios anunciadores de que un Salvador le ha nacido a Israel. Y la nube se retiró en seguida de la gruta, y apareció en ella una luz tan grande, que nuestros ojos no podían soportarla. Y esta luz disminuyó poco a poco, hasta que el niño apareció, y tomó el pecho de su madre María. Y la partera ex-

clamó: Gran día es hoy para mí, porque he visto un espectáculo nuevo.

3. Y la partera salió de la gruta, y encontró a Salomé, y le dijo: Salomé, Salomé, voy a contarte la maravilla extraordinaria, presenciada por mí, de una virgen que ha parido de un modo contrario a la naturaleza. Y Salomé repuso: Por la vida del Señor mi Dios, que, si no pongo mi dedo en su vientre, y lo escruto, no creeré que una virgen haya parido.

Imprudencia de Salomé

XX 1. Y la comadrona entró, y dijo a María: Disponte a dejar que ésta haga algo contigo, porque no es un debate insignificante el que ambas hemos entablado a cuenta tuya. Y Salomé, firme en verificar su comprobación, puso su dedo en el vientre de María, después de lo cual lanzó un alarido, exclamando: Castigada es mi incredulidad impía, porque he tentado al Dios viviente, y he aquí que mi mano es consumida por el fuego, y de mí se separa.

2. Y se arrodilló ante el Señor, diciendo: ¡Oh Dios de mis padres, acuérdate de que pertenezco a la raza de Abraham, de Isaac y de Jacob! No me des en espectáculo a los hijos de Israel, y devuélveme a mis pobres, porque bien sabes, Señor, que en tu nombre les prestaba mis cuidados, y que mi salario lo recibía de ti.

3. Y he aquí que un ángel del Señor se le apareció, diciendo: Salomé, Salomé, el Señor ha atendido tu súplica. Aproxímate al niño, tómalo en tus brazos, y él será para ti salud y alegría.

4. Y Salomé se acercó al recién nacido, y lo incorporó, diciendo: Quiero prosternarme ante él, porque un gran rey ha nacido para Israel. E inmediatamente fue curada, y salió justificada de la gruta. Y se dejó oír una

voz, que decía: Salomé, Salomé, no publiques los prodigios que has visto, antes de que el niño haya entrado en Jerusalén.

Visita de los magos

XXI 1. Y he aquí que José se dispuso a ir a Judea. Y se produjo un gran tumulto en Bethlehem, por haber llegado allí unos magos, diciendo: ¿Dónde está el rey de los judíos, que ha nacido? Porque su estrella hemos visto en el Oriente, y venimos a adorarlo.

2. Y Herodes, sabedor de esto, quedó turbado, y envió mensajeros cerca de los magos, y convocó a los príncipes de los sacerdotes, y los interrogó, diciendo: ¿Qué está escrito del Cristo? ¿Dónde debe nacer? Y ellos contestaron: En Bethlehem de Judea, porque así está escrito. Y él los despidió. E interrogó a los magos, diciendo: ¿Qué signo habéis visto con relación al rey recién nacido? Y los magos respondieron: Hemos visto que su estrella, extremadamente grande, brillaba con gran fulgor entre las demás estrellas, y que las eclipsaba hasta el punto de hacerlas invisibles con su luz. Y hemos reconocido por tal señal que un rey había nacido para Israel, y hemos venido a adorarlo. Y Herodes dijo: Id a buscarlo, y, si lo encontráis, dadme aviso de ello, a fin de que vaya yo también, y lo adore.

3. Y los magos salieron. Y he aquí que la estrella que habían visto en Oriente los precedió hasta que llegaron a la gruta, y se detuvo por encima de la entrada de ésta. Y los magos vieron al niño con su madre María, y sacaron de sus bagajes presentes de oro, de incienso y de mirra.

4. Y, advertidos por el ángel de que no volviesen a Judea, regresaron a su país por otra ruta.

Furor de Herodes

XXII 1. Al darse cuenta de que los magos lo habían engañado, Herodes montó en cólera, y despachó sicarios, a quienes dijo: Matad a todos los niños de dos años para abajo.

2. Y María, al enterarse de que había comenzado el degüello de los niños, se espantó, tomó al suyo, lo envolvió en pañales, y lo depositó en un pesebre de bueyes.

3. Isabel, noticiosa de que se buscaba a Juan, lo agarró, ganó la montaña, miró en torno suyo, para ver dónde podría ocultarlo, y no encontró lugar de refugio. Y, gimiendo, clamó a gran voz: Montaña de Dios, recibe a una madre con su hijo. Porque le era imposible subir a ella. Pero la montaña se abrió, y la recibió. Y había allí una gran luz, que los esclarecía, y un ángel del Señor estaba con ellos, y los guardaba.

Muerte de Zacarías

XXIII 1. Y Herodes buscaba a Juan, y envió sus servidores a Zacarías, diciendo: ¿Dónde has escondido a tu hijo? Y él repuso: Soy servidor de Dios, permanezco constantemente en el templo del Señor, e ignoro dónde mi hijo está.

2. Y los servidores se marcharon del templo, y anunciaron todo esto a Herodes. Y Herodes, irritado, dijo: Su hijo debe un día reinar sobre Israel. Y los envió de nuevo a Zacarías, ordenando: Di la verdad. ¿Dónde se halla tu hijo? Porque bien sabes que tu sangre se encuentra bajo mi mano. Y los servidores partieron, y refirieron todo esto a Zacarias.

3. Y éste exclamó: Mártir seré de Dios, si viertes mi sangre. Y el Omnipotente recibirá mi espíritu, porque

sangre inocente es la que quieres derramar en el vestíbulo del templo del Señor. Y, a punto de amanecer, Zacarías fue muerto, y los hijos de Israel ignoraban que lo hubiese sido.

Nombramiento de nuevo Gran Sacerdote

XXIV 1. Pero los sacerdotes fueron al templo, a la hora de la salutación, y Zacarías no fue en su busca, para bendecirlos, según costumbre. Y se detuvieron, esperando a Zacarías, para saludarlo, y para celebrar al Altísimo.

2. Y, como tardaba, se sintieron poseídos de temor. Y uno de ellos, más audaz, penetró en el templo, y vio cerca del altar sangre coagulada, y oyó una voz que decía: Zacarías ha sido asesinado, y su sangre no desaparecerá de aquí hasta que llegue su vengador. Y, al escuchar estas palabras, quedó espantado, y salió, y llevó la nueva a los sacerdotes.

3. Y éstos, atreviéndose, al fin, a entrar, vieron lo que había sucedido, y los artesonados del templo gimieron, y ellos mismos rasgaron sus vestiduras de alto abajo. Y no encontraron el cuerpo de Zacarías, sino sólo su sangre, maciza como una piedra. Y salieron llenos de pánico, y anunciaron a todo el pueblo que se había dado muerte a Zacarías. Y todas las tribus del pueblo lo supieron, y lo lloraron, y se lamentaron durante tres días y tres noches.

4. Y, después de estos tres días, los sacerdotes deliberaron para saber a quién pondrían en lugar de Zacarías, y la suerte recayó sobre Simeón, el mismo que había sido advertido por el Espíritu Santo de que no moriría sin haber visto al Cristo encarnado.

Conclusión

XXV 1. Y yo, Jacobo, que he escrito esta historia, me retiré al desierto, cuando sobrevinieron en Jerusalén disturbios con motivo de la muerte de Herodes.

2. Y, hasta que se apaciguó la agitación en Jerusalén, en el desierto permanecí, glorificando al Dios Omnipotente, que me ha concedido favor e inteligencia suficientes para escribir esta historia.

3. Sea la gracia con los que temen a Nuestro Señor Jesucristo, a quien corresponde la gloria por los siglos de los siglos. Amén.

2
EVANGELIO DEL PSEUDO-MATEO

Prólogo A
A su muy querido hermano el sacerdote Jerónimo, los obispos Cromacio y Heliodoro, salud en el Señor

Habiendo encontrado, en libros apócrifos, relatos del nacimiento y de la infancia de la Virgen María y de Nuestro Señor Jesucristo, y, considerando que dichos escritos contienen muchas cosas contrarias a nuestra fe, juzgamos prudente rechazarlos de plano, a fin de que, con ocasión del Cristo, no diésemos motivo de júbilo al Anticristo. Y, mientras nos entregábamos a estas reflexiones, sobrevinieron dos santos personajes, Parmenio y Virino, y nos informaron de que tu santidad había descubierto un volumen hebreo, redactado por el bienaventurado evangelista Mateo, y en el que se referían el nacimiento de la Virgen Madre y la niñez del Salvador. He aquí por qué, en nombre de Nuestro Señor Jesucristo, suplicamos de tu benevolencia seas servido de traducir aquel volumen de la lengua hebrea a la latina, no tanto para hacer valer los títulos del

Cristo, cuanto para desvirtuar la astucia de los herejes. Porque éstos, con objeto de acreditar sus malvadas doctrinas, han mezclado sus mentiras funestas con la verdadera y pura historia de la natividad y de la infancia de Jesús, esperando ocultar la amargura de su muerte, al mostrar la dulzura de su vida. Harás, pues, una buena obra, acogiendo nuestro ruego, o enviando a tus obispos, en razón de este deber de caridad que tienes hacia ellos, la respuesta que juzgues más conveniente a la presente carta. Salud en el Señor, y ora por nosotros.

B
A los santos y bienaventurados obispos Cromacio y Heliodoro, Jerónimo, humilde servidor del Cristo, salud en el Señor

El que cava el suelo en un lugar en que presume hay oro, no se lanza inmediatamente sobre todo lo que la parte de tierra abierta echa a la superficie, sino que, antes de levantar en su azada el brillante metal, mueve y remueve los terrones, acuciado por una esperanza que ningún provecho anima aún. En tal concepto, ardua labor es la que me habéis encomendado, venerables obispos, al pedirme dé curso a relatos que el mismo santo apóstol y evangelista Mateo no quiso publicar. Porque, si no hubiese en esos relatos cosas secretas, a buen seguro que las hubiese unido al mismo Evangelio que lleva su nombre. Pero, cuando escribió este opúsculo, lo ocultó bajo el velo de su idioma natal, y no deseó su divulgación, aunque hoy día su obra, escrita de su puño y letra en caracteres hebreos, se encuentra en manos de hombres muy religiosos, que, a través de los tiempos, la han recibido de sus predecesores. Usando de su derecho de depositarios, no han autorizado nunca a nadie para traducirlo, y se han limitado a explicar su contenido de diversas maneras. Pero ocurrió que un maniqueo llamado Leucio, que ha redactado igualmente falsas historias de los apóstoles, lo sacó a luz, proporcionando así materia, no de edificación, sino de perdición, y el libro fue aprobado, bajo esta forma, por un sínodo, a cuya voz ha hecho bien la Iglesia en no prestar oídos. Cesen, por ende, los ultrajes de los que ladran contra nosotros. No pretendemos añadir a los escritos canónicos éste de un apóstol y de un evangelista, y lo traducimos tan sólo para desenmascarar a los herejes. Y aportamos a esta empresa igual cuidado en cumplir las órdenes de piadosos obispos que en oponernos a la herética impiedad. Por amor al Cristo, pues, satisfacemos, llenos de confianza, los deseos y los ruegos de aquellos que, por nuestra obediencia, podrán familiarizarse con la santa niñez de nuestro Salvador.

C
Otra epístola que se lee al frente de ciertas ediciones

Me pedís mi opinión sobre cierto librito referente a la natividad de Santa María, que algunos fieles poseen, y quiero que sepáis que en él se encuentran no pocas falsedades. La causa de ello es haberlo compuesto un tal Seleuco, autor de varias gestas sobre predicaciones y martirio de apóstoles. El cual dice verdad en todo lo concerniente a los milagros y a los prodigios por éstos realizados, pero enseña mentira en lo que a su doctrina toca, y, además, ha inventado por su cuenta y riesgo muchas cosas que no han sucedido. Me esforzaré, pues, en traducir el escrito, palabra por palabra, del hebreo, dado que resulta haber sido el santo evangelista Mateo quien lo redactó, y quien lo puso al frente de su Evangelio, bien que ocultándolo bajo el velo de aquel idioma. Para la exactitud de este detalle, me remito al autor del prefacio y a la buena fe del escritor. Porque, aun admitiendo que el opúsculo sugiera dudas, no afirmaría de un modo absoluto que encierre falsedades. Pero puedo decir libremente (y ningún fiel, a lo que pienso, me contradecirá) que, sean verídicos o completamente imaginarios los relatos que en él se contienen, no deja de ser cierto que la muy santa natividad de María ha sido precedida de grandes milagros, y seguida de otros no menores. Sentado lo cual con toda buena. fe, estimo que el libro puede ser leído y creído, sin peligro para las almas de los que saben que en la omnipotencia de Dios está hacer esas cosas. Finalmente, en cuanto mis recuerdos me lo han permitido, induciéndome a seguir el sentido más que las palabras, he procurado ora avanzar por la misma ruta del escritor, sin por ello poner mis pies en la huella de sus pasos, ora volver a la misma ruta por caminos de travesía. Así he intentado redactar esta historia, y no diré otra cosa que lo que en ella está escrito, o lo que hubiera podido lógicamente escribirse.

D
Otro prólogo

Yo, Jacobo, hijo de José, que vivo en el temor de Dios, he escrito todo lo que, ante mis ojos, he visto realizarse en las épocas de la natividad de la Santa Virgen María por haberme concedido la sabiduría necesaria para escribir los relatos de su advenimiento, manifestando a las doce tribus de Israel el cumplimiento de los tiempos mesiánicos.

Vida piadosa de Joaquín

X 1. En aquellos días, había en Jerusalén un varón llamado Joaquín, de la tribu de Judá. Era pastor de sus propias ovejas, y temía al Altísimo en la sencillez y en la bondad de su corazón. Y no tenía otro cuidado que el de sus rebaños, que empleaba en alimentar a todos los que, como él, temían al Altísimo. Y ofrecía presentes dobles a los que trabajaban en la sabiduría y en el temor de Dios, y presentes simples a los que a éstos servían. Así, de las ovejas, de los corderos, de la lana y de todo lo que poseía hacía tres partes. La primera la distribuía entre las viudas, los huérfanos, los peregrinos y los pobres. La segunda la daba a los que se consagraban al servicio de Dios y celebraban su culto. Cuanto a la tercera, la reservaba para sí y para toda su casa.

2. Y, porque obraba de este modo, Dios multiplicaba sus rebaños, y no había, en todo el pueblo israelita, nadie que lo igualase en abundancia de reses. Y todo eso comenzó a hacerlo desde el año quinceno de su edad. Y, cuando llegó a los veinte años, tomó por esposa a Ana, hija de Isachar y de su propia tribu, es decir, de la raza de David. Y, a pesar de haber transcurrido otros veinte años, a partir de su casamiento, no había tenido hijos, ni hijas.

Dolor de Joaquín y de Ana

II 1. Y sucedió que, un día de fiesta, Joaquín se encontraba entre los que tributaban incienso y otras ofrendas al Señor, y él preparaba las suyas. Y, acercándose un escriba del templo llamado Rubén, le dijo: No puedes continuar entre los que hacen sacrificios a Dios, porque éste no te ha bendecido, al no otorgarte una posteridad en Israel. Y, habiendo sufrido esta afrenta en presencia del pueblo, Joaquín abandonó, llorando, el templo del Señor, y no volvió a su casa, sino que marchó adonde estaban sus rebaños, y llevó consigo a sus pastores a las montañas de una comarca lejana, y, durante cinco meses, su esposa Ana no tuvo ninguna noticia suya.

2. Y la triste lloraba, diciendo: Señor, Dios muy fuerte y muy poderoso de Israel, después de haberme negado hijos, ¿por qué me arrebatas también a mi esposo? He aquí que han pasado cinco meses, y no lo veo. Y no sé si está muerto, para siquiera darle sepultura. Y, mientras lloraba abundantemente en el jardín de su casa, y levantaba en su plegaria los ojos al Señor, vio un nido de gorriones en un laurel, y, entreverando sus palabras de gemidos, se dirigió a Dios, y le dijo: Señor, Dios omnipotente, que has concedido posteridad a todas las criaturas, a los animales salvajes, a las bestias de carga, a las serpientes, a los peces, a los pájaros, y que has hecho que todos se regocijen de su progenitura, ¿por qué has excluido a mí sola de los favores de tu bondad? Bien sabes, Señor, que, desde el comienzo de mi matrimonio, hice voto de que, si me dabas un hijo o una hija, te lo ofrecería en tu santo templo.

3. Y, a punto de terminar su clamor dolorido, he aquí que de súbito apareció ante ella un ángel del Señor, diciéndole: No temas, Ana, porque en el designio de Dios está que salga de ti un vástago, el cual será objeto de la admiración de todos los siglos hasta el fin del mundo. Y, no bien pronunció estas palabras, desapareció de delante de sus ojos. Y ella, temblorosa y llena de pavor, por haber tenido semejante visión, y por haber oído semejante lenguaje, se echó en el lecho como muerta, y todo el día y toda la noche permaneció en oración continua y en terror extremo.

4. Al fin, llamó a su sierva, y le dijo: ¿Cómo, viéndome desolada por mi viudez y abatida por la angustia, no has venido a asistirme? Y la sierva le respondió, murmurando: Si Dios ha cerrado tu matriz, y te ha alejado de tu marido, ¿qué puedo hacer por ti yo? Y, al oír esto, Ana lloraba más aún.

El ángel guardián de Joaquín. El encuentro en la Puerta Dorada

III 1. En aquel mismo tiempo, un joven apareció en las montañas en que Joaquín apacentaba sus rebaños, y le dijo: ¿Por qué no vuelves al lado de tu esposa? Y Joaquín repuso: Durante veinte años la he tenido por compañera. Pero ahora, por no haber querido Dios que ella me diese hijos, he sido expulsado ignominiosamente del templo del Señor. ¿Cómo volvería al lado suyo, después de haber sido envilecido y despreciado? Continuaré, pues, aquí con mis ovejas, mientras Dios conceda a mis ojos luz. Sin embargo, por intermedio de mis servidores, seguiré repartiendo de buen grado su parte a los pobres, a las viudas, a los huérfanos y a los ministros del Altísimo.

2. Y, no bien hubo en tal guisa hablado, el joven le respondió: Soy un ángel de Dios, que ha aparecido hoy a tu mujer, la cual oraba y lloraba. Yo la consolé, y ella sabe por mí que ha concebido de ti una hija. esta vivirá en el templo del Señor, y el Espíritu Santo reposará en ella, y su beatitud será mayor que la de todas las mujeres, aun de las más santas, de suerte que nadie podrá decir que hubo, ni que habrá, mujer semejante a ella en este mundo. Baja, pues, de las montañas, y vuelve al lado de tu esposa, a quien encontrarás encinta, porque Dios ha suscitado progenitura en ella, y su posteridad será bendita, y Ana

misma será bendita y establecida madre con una eterna bendición.

3. Y Joaquín, adorándolo, dijo: Si he encontrado gracia ante ti, reposa un instante en mi tienda, y bendíceme, puesto que soy tu servidor. Y el ángel le contestó: No te llames servidor mío, pues ambos somos los servidores de un mismo dueño. Mi comida es invisible, y mi bebida lo es también, para los mortales. Así, no debes invitarme a entrar en tu tienda, y lo que habrías de darme, ofrécelo en holocausto a Dios. Entonces Joaquín tomó un cordero sin mancilla, y dijo al ángel: No me hubiera atrevido a ofrecer un holocausto a Dios, si tu orden no me hubiese dado el poder sacerdotal de sacrificarlo. Y el ángel le dijo: Tampoco yo te hubiera invitado a ofrecerlo, si no hubiese conocido la voluntad de Dios. Y ocurrió que, en el momento en que Joaquín ofrecía su sacrificio a Dios, al mismo tiempo que el olor del sacrificio, y en cierto modo con su mismo humo, el ángel se elevó hacia el cielo.

4. Y Joaquín inclinó su faz contra la tierra, y permaneció así prosternado desde la hora sexta del día hasta la tarde. Y sus mercenarios y jornaleros llegaron, e, ignorando la causa de su actitud, se llenaron de temor, y pensaron que quería matarse. Y se acercaron a él, y no sin esfuerzo lo levantaron. Y, cuando les cantó su visión, estremecidos de estupor y de sorpresa, lo exhortaron a cumplir sin demora el mandato del ángel, y a volver prontamente al lado de su esposa. Y, como Joaquín discutiese todavía en su interior si debía o no debía volver, lo invadió el sueño, y he aquí que el ángel que le había aparecido estando despierto, le apareció otra vez mientras dormía, diciéndole: Yo soy el ángel que Dios te ha dado por guardián. Baja con seguridad, y retorna cerca de Ana, porque las obras de caridad que tú y tu mujer habéis hecho han sido proclamadas en

presencia del Altísimo, el cual os ha legado una posteridad tal como ni los profetas ni los santos han tenido, ni tendrán, desde el comienzo del mundo. Y, cuando Joaquín hubo despertado, llamó a sus pastores, y les dio a conocer su sueño. Y ellos adoraron al Señor, y dijeron a Joaquín: Guárdate de resistir más al ángel del Señor. Levántate, partamos, y avancemos lentamente, haciendo pastar a los rebaños.

5. Y, después de caminar treinta días, cuando se aproximaban ya a la ciudad, un ángel del Señor apareció a Ana en oración, diciéndole: Ve a la llamada Puerta Dorada, al encuentro de tu esposo, que hoy llega. Y ella se apresuró a ir allí con sus siervas, y en pie se puso a orar delante de la puerta misma. Y aguardé largo tiempo. Y se cansaba y se desanimaba ya de tan dilatada espera, cuando, levantando los ojos, vio a Joaquín, que llegaba con sus rebaños. Y corrió a echarle los brazos al cuello, y dio gracias a Dios, exclamando: Era viuda, y he aquí que no lo soy. Era estéril, y he aquí que he concebido. Y hubo gran júbilo entre sus vecinos y conocidos, y toda la tierra de Israel la felicité por aquella gloria.

María consagrada al templo

IV 1. Y nueve meses después, Ana dio a luz una niña, y llamó su nombre María. Y, destetada que fue al tercer año, Joaquín y su esposa Ana se encaminaron juntos al templo, y ofrecieron víctimas al Señor, y confiaron a la pequeña a la congregación de vírgenes, que pasaban el día y la noche glorificando a Dios.

2. Y, cuando hubo sido depositada delante del templo del Señor, subió corriendo las quince gradas, sin mirar atrás, y sin reclamar la ayuda de sus padres, como hacen de ordinario los niños. Y este hecho llenó a

todo el mundo de sorpresa, hasta el punto de que los mismos sacerdotes del templo no pudieron contener su admiración.

Gratitud de Ana al Señor

V 1. Entonces Ana, llena del Espíritu Santo, exclamó en presencia de todos:

2. El Señor, Dios de los ejércitos, ha recordado su palabra, y ha recompensado a su pueblo con su bendita visita, para humillar a las naciones que se levantaban contra nosotros, y para que su corazón se vuelva hacia Él. Ha abierto sus oídos a nuestras plegarias, y ha hecho cesar los insultos de nuestros enemigos. La que era estéril, es ahora madre, y ha engendrado la exaltación y el júbilo en Israel. He aquí que yo podré ofrecer dones al Señor, y que mis enemigos no podrán ya impedírmelo nunca más. Vuelva el Señor sus corazones hacia mí, y procúreme una alegría eterna.

Ocupación de María en el templo.
Origen del saludo «Deo gracias»

VI 1. Y María causaba admiración a todo el mundo. A la edad de tres años, marchaba con paso tan seguro, hablaba tan perfectamente, ponía tanto ardor en sus alabanzas a Dios, que se la habría tomado no por una niña pequeña, sino por una persona mayor, pues recitaba sus plegarias como si treinta años hubiera tenido. Y su semblante resplandecía como la nieve, hasta el extremo de que apenas podía mirársela. Y se aplicaba a trabajar en la lana, y lo que las mujeres adultas no sabían hacer, ella, en edad tan tierna, lo hacía a perfección.

2. Y se había impuesto la regla siguiente. Desde el amanecer hasta la hora de tercia, permanecía en ora-

ción. Desde la hora de tercia hasta la de nona, se ocupaba en tejer. A la de nona, volvía a orar, y no dejaba de hacerlo hasta el momento en que el ángel del Señor le aparecía, y recibía el alimento de sus manos. En fin, con las jóvenes de más edad, se instruía tanto, haciendo día por día progresos, en la práctica de alabar al Señor, que ninguna la precedía en las vísperas, ni era más sabia que ella en la ley de Dios, ni más humilde, ni más hábil en entonar los cánticos de David, ni más graciosa en su caridad, ni más pura en su castidad, ni más perfecta en toda virtud, ni más constante, ni más inquebrantable, ni más perseverante, ni más adelantada en la realización del bien.

3. Nunca se la vio encolerizada, ni se la oyó murmurar de nadie. Toda su conversación estaba tan llena de dulzura, que se reconocía la presencia de Dios en sus labios. Continuamente se ocupaba en orar y en meditar la ley, y, llena de solicitud por sus compañeras, se preocupaba de que ninguna pecase ni siquiera en una sola palabra, de que ninguna alzase demasiado la voz al reír, de que ninguna injuriase o menospreciase a otra. Bendecía al Señor sin cesar, y, para no distraerse de loarlo, cuando alguien la saludaba, por respuesta decía: Gracias sean dadas a Dios. De ahí vino a los hombres la costumbre de contestar: Gracias sean dadas a Dios, cuando se saludan. A diario comía el alimento que recibía de manos del ángel, y, cuanto al que le proporcionaban los sacerdotes, lo distribuía entre los necesitados. A menudo se veía a los ángeles conversar con ella, y obedecerla con el afecto de verdaderos amigos. Y, si algún enfermo la tocaba, inmediatamente volvía curado a su casa.

Mérito de la castidad

VII 1. Entonces el sacerdote Abiathar ofreció presentes considerables a los pontífices, para obtener de ellos que María se casase con un hijo suyo. Pero María los rechazó, diciendo: Es imposible que yo conozca varón, ni que un varón me conozca. Los pontífices y todos sus parientes trataron de disuadirla de su resolución, insinuándole que se honra a Dios por los hijos, y se lo adora con la creación de progenitura, y que así había sido siempre en Israel. Pero María les respondió: Se honra a Dios por la castidad, ante todo, como es muy fácil probar.

2. Porque, antes de Abel, no hubo ningún justo entre los hombres, y aquél fue agradable a Dios por su ofrenda, y muerto por el que había desagradado al Altísimo. Y recibió dos coronas, la de su ofrenda y la de su virginidad, puesto que había evitado continuamente toda mancilla en su carne. De igual modo, Elías fue transportado al cielo en su cuerpo mortal, por haber conservado intacta su pureza. Cuanto a mí, he aprendido en el templo, desde mi infancia, que una virgen puede ser grata a Dios. He aquí por qué he resuelto en mi corazón no pertenecer jamás a hombre alguno.

La guarda de María

VIII 1. Y María llegó a los catorce años, y ello dio ocasión a los fariseos para recordar que, conforme a la tradición, no podía una mujer continuar viviendo en el templo de Dios. Entonces se resolvió enviar un heraldo a todas las tribus de Israel, a fin de que, en el término de tres días, se reuniesen todos en el templo. Y, cuando todos se congregaron, Abiathar, el Gran Sacerdote, se levantó, y subió a lo alto de las gradas, a fin de que pudiese verlo y oírlo todo el pueblo. Y, habiéndose hecho un gran silencio, dijo: Escuchadme, hijos de Israel, y atended a mis palabras. Desde que el templo fue construido por Salomón, moran en él vírgenes, hijas de reyes, de profetas, de sacerdotes, de pontífices, y estas vírgenes han sido grandes y admirables. Sin embargo, no bien llegaban a la edad núbil, seguían la costumbre de nuestros antepasados, y tomaban esposo, agradando así a Dios. Únicamente María ha encontrado un nuevo modo de agradarle, prometiéndole que se conservaría siempre virgen. Me parece, pues, que, interrogando a Dios, y pidiéndole su respuesta, podemos saber a quién habremos de darla en guarda.

2. Toda la asamblea aprobó este discurso. Y los sacerdotes echaron suertes entre las doce tribus, y la suerte recayó sobre la tribu de Judá. Y el Gran Sacerdote dijo: Mañana, venga todo el que esté viudo en esa tribu, y traiga una vara en la mano. Y José hubo de ir con los jóvenes, llevando también su vara. Y, cuando todos hubieron entregado sus varas al Gran Sacerdote, éste ofreció un sacrificio a Dios, y lo interrogó sobre el caso. Y el Señor le dijo: Coloca las varas en el Santo de los Santos, y que permanezcan allí. Y ordena a esos hombres que vuelvan mañana aquí, y que recuperen sus varas. Y de la extremidad de una de ellas saldrá una paloma, que volará hacia el cielo, y aquel en cuya vara se cumpla este prodigio será el designado para guardar a María.

3. Y, al día siguiente, todos de nuevo se congregaron, y, después de haber ofrecido incienso, el Pontífice entró en el Santo de los Santos, y presentó las varas. Y, una vez estuvieron todas distribuidas, se vio que no salía la paloma de ninguna de ellas. Y Abiathar se revistió con el traje de las doce campanillas y con los hábitos sacerdotales, y, entrando en el Santo de los

Santos, encendió el fuego del sacrificio. Y, mientras oraba, un ángel le apareció, diciéndole: Hay aquí una vara muy pequeña, con la que no has contado, a pesar de haberla depositado con las otras. Cuando la hayas devuelto a su dueño, verás presentarse en ella la señal que se te indicó. Y la vara era la de José, quien, considerándose descartado, por ser viejo, y temiendo verse obligado a recibir a la joven, no había querido reclamar su vara. Y, como se mantuviese humildemente en último término, Abiathar le gritó a gran voz: Ven y toma tu vara, que es a ti a quien se espera. Y José avanzó temblando, por el fuerte acento con que lo llamara el Gran Sacerdote. Y, apenas hubo tendido la mano, para tomar su vara, de la extremidad de ésta surgió de pronto una paloma más blanca que la nieve y extremadamente bella, la cual, después de haber volado algún tiempo en lo alto del templo, se perdió en el espacio.

4. Entonces todo el pueblo felicitó al anciano, diciéndole: Feliz eres en tu vejez, pues Dios te ha designado como digno de recibir a María. Y los sacerdotes le dijeron: Tómala, puesto que has sido elegido por el Señor en toda la tribu de Judá. Pero José empezó a prosternarse, suplicante, y les dijo con timidez: Soy viejo, y tengo hijos. ¿Por qué me confiáis a esta joven? Y el Gran Sacerdote le dijo: Recuerda, José, cómo perecieron Dathan, Abirón y Coré, por haber despreciado la voluntad del Altísimo, y teme no te suceda igual, si no acatas su orden. Y José le dijo: En verdad, no menosprecio la voluntad del Altísimo, y seré el guardián de la muchacha hasta el día en que el mismo Dios me haga saber cuál de mis hijos ha de tomarla por esposa. Entretanto, dénsele algunas vírgenes de entre sus campaneras, con las cuales more. Y Abiathar repuso: Se le darán vírgenes, para su con-

suelo, hasta que llegue el día fijado para que tú la recibas, porque no podrá casarse con ningún otro que contigo.

5. Y José tomó a María con otras cinco doncellas, que habían de habitar con ella en su casa. Y las doncellas eran Rebeca, Sefora, Susana, Abigea y Zahel, a las cuales los sacerdotes dieron seda, lino, jacinto, violeta, escarlata y púrpura. Y echaron suertes entre ellas, para saber lo en que cada una trabajaría, y a María le tocó la púrpura destinada al velo del templo del Señor. Y, al tomarla, las otras le dijeron: Eres la más joven de todas, y, sin embargo, has merecido obtener la púrpura. Y, después de decir esto, empezaron a llamarla, por burla, la reina de las vírgenes. Pero, apenas acabaron de hablar así, un ángel del Señor apareció en medio de ellas, y exclamó: Vuestro apodo no será un apodo sarcástico, sino una profecía muy verdadera. Y las jóvenes quedaron mudas de terror, ante la presencia del ángel y sus palabras, y suplicaron a María que las perdonase, y que rogase por ellas.

La anuncíación

IX 1. Al día siguiente, mientras María se encontraba en la fuente, llenando su cántaro, un ángel del Señor le apareció, y le dijo: Bienaventurada eres, María, porque has preparado en tu seno un santuario para el Señor. Y he aquí que vendrá una luz del cielo a habitar en ti, y, por ti, irradiará sobre el mundo entero.

2. Y, al tercer día, mientras tejía la púrpura con sus manos, se le presentó un joven de inenarrable belleza. Al verlo, María quedó sobrecogida de temor, y se puso a temblar. Pero el visitante le dijo: No temas, ni tiembles, María, porque has encontrado gracia a los ojos de Dios, y de si concebirás un rey, que dominará no sólo

en la tierra, sino que también en los cielos, y que prevalecerá por los siglos de los siglos.

Vuelta de José

X 1. Y, en tanto que ocurría todo esto, José, que era carpintero, estaba en Capernaum, al borde del mar, ocupado en sus trabajos. Y permaneció allí nueve meses. Y, vuelto a su casa, encontró a María encinta. Y todos sus miembros se estremecieron, y, en su desesperación, exclamó: Señor Dios, recibe mi alma, porque más vale morir que vivir. Y las jóvenes que con María estaban le arguyeron: ¿Qué dices, José? Nosotras sabemos que ningún hombre la ha tocado, y que su virginidad continúa íntegra, intacta e inmaculada. Porque ha tenido por guardián a Dios, y ha permanecido siempre orando con nosotras. A diario un ángel conversa con ella, y a diario recibe su alimento de manos de ese ángel. ¿Cómo podría existir un solo pecado en ella? Y, si quieres que te declaremos nuestras sospechas, nadie la ha puesto encinta, si no es el ángel de Dios.

2. Pero José dijo: ¿Por qué queréis embrollarme, haciéndome creer que quien se ha unido a ella es un ángel de Dios? ¿No parece más seguro que un hombre haya fingido ser un ángel de Dios, y la haya engañado? Y, al decir esto, lloraba y exclamaba: ¿Con qué cara me presentaré en el templo del Señor? ¿Cómo osaré mirar a los sacerdotes? ¿Qué haré? Y, mientras hablaba así, pensaba en esconderse, y en abandonarla.

José confortado por un ángel

XI 1. Y ya había decidido levantarse en la noche, y huir, para habitar en un lugar oculto, cuando, aquella misma noche, le apareció en sueños un ángel del Señor, que le dijo: José, hijo de David, no temas recibir a María tu mujer, porque lo que en ella es engendrado, del Espíritu Santo es. Y parirá un hijo, que será llamado Jesús, porque salvará al pueblo de sus pecados.

2. Y, desvanecido el sueño, José se levantó, dando gracias a su Dios, y habló a María y a las vírgenes que estaban con ella, y les contó su visión. Y, consolado con respecto a María, dijo: He pecado, por haber abrigado sospecha contra ti.

La prueba del agua

XII 1. Tras esto, se extendió la nueva de que María estaba encinta. Y José fue conducido ante el Gran Sacerdote por los servidores del templo, y aquél, con los demás sacerdotes, lo colmó de reproches, diciéndole: ¿Por qué has seducido a una doncella de tanto mérito, que los ángeles de Dios han nutrido en el templo como una paloma, que no quiso nunca ni aun ver a un hombre, y que estaba tan instruida en la ley de Dios? Si tú no la hubieses violentado, ella permanecería virgen hasta ahora. Pero José juraba que nunca la había tocado. Entonces el Gran Sacerdote Abiathar le dijo: Por vida de Dios, yo te haré beber el agua de la bebida del Señor, y en el acto tu pecado será demostrado.

2. Entonces todo Israel se reunió en una muchedumbre innumerable, y también María fue conducida al templo del Señor. Y los sacerdotes y los parientes de María le decían, llorando: Confiesa tu pecado a los sacerdotes, tú que eras como una paloma en el templo de Dios, y que recibías tu alimento de la mano de un ángel. José fue llevado al altar. Y se le dio el agua de la bebida del Señor. Si un hombre, después de haber mentido, la probaba, y daba siete veces la vuelta al altar, Dios ponía alguna señal sobre su rostro. Y, cuando

hubo bebido reposadamente, y dado siete vueltas al altar, ningún signo de pecado apareció en su cara. Entonces, todos los sacerdotes y los servidores del templo y la multitud proclamaron su virtud, diciendo: Feliz eres, porque en ti no se ha hallado falta.

3. Y, llamando a María, le dijeron: Pero tú, ¿qué disculpa podrías dar? ¿Y qué mayor signo podría mostrarse en ti que ese embarazo que te traiciona? Sólo te pedimos que digas quién te ha seducido, ya que José está puro de toda relación contigo. Más te valdrá confesar tu pecado que dejar que la cólera de Dios te marque con su signo ante todo el pueblo. Empero María les dijo con firmeza y sin temblar: Si hay alguna mancha o pecado o concupiscencia impura en mí, que Dios me designe a la faz de todos los pueblos, para que yo sirva a todos de ejemplo saludable. Y se aproximó confiadamente al altar del Señor, y bebió el agua de la bebida del Señor, y dio las siete vueltas al altar, y no se vio en ella ninguna marca.

4. Y, como todo el pueblo estaba lleno de estupor y de duda, viendo el embarazo de María, sin que signo de impureza apareciese en su rostro, se elevó entre la muchedumbre un gran vocerío de palabras contradictorias. Unos loaban su santidad, al paso que otros la acusaban. Entonces María, advirtiendo que el pueblo no estimaba su justificación completa, dijo con clara voz, para ser entendida de todos: Por la vida del Señor, Dios de los Ejércitos, en cuya presencia me hallo, que yo no he conocido ningún hombre, y más que no lo debo conocer, porque desde mi infancia he tomado esa resolución. Y desde mi infancia he hecho a Dios el voto de permanecer pura para que me ha creado, y así quiero vivir para Él solo, y para Él solo permanecer sin mácula mientras exista.

5. Entonces todos la abrazaron, pidiéndole que per-

donase sus maliciosas sospechas. Y todo el pueblo y los sacerdotes y todas las vírgenes la llevaron a su casa, regocijados, gritando y diciendo: Bendito sea el nombre del Señor, porque ha manifestado tu santidad a todo el pueblo de Israel.

Visión de los dos pueblos.
Nacimiento de Jesús en la gruta.
Testimonio de los pastores

XIII 1. Y ocurrió, algún tiempo más tarde, que un edicto de César Augusto obligó a cada uno a empadronarse en su patria. Y este primer censo fue hecho por Cirino, gobernador de Siria. José, pues, se vio obligado a partir con María para Bethlehem, porque él era de ese país, y María era de la tribu de Judá, de la casa y patria de David. Y, según José y María iban por el camino que conduce a Bethlehem, dijo María a José: Veo ante mí dos pueblos, uno que llora, y otro que se regocija. Mas José le respondió: Estáte sentada y sosténte sobre tu montura, y no digas palabras inútiles. Entonces un hermoso niño, vestido con un traje magnífico, apareció ante ellos, y dijo a José: ¿Por qué has llamado inútiles las palabras que María ha dicho de esos dos pueblos? Ella ha visto al pueblo judío llorar, por haberse alejado de su Dios, y al pueblo de los gentiles alegrarse, por haberse aproximado al Señor, según la promesa hecha a nuestros padres, puesto que ha llegado el tiempo en que todas las naciones deben ser benditas en la posteridad de Abraham.

2. Dichas estas palabras, el ángel hizo parar la bestia, por cuanto se acercaba el instante del alumbramiento, y dijo a María que se apease, y que entrase en una gruta subterránea en la que no había luz alguna, porque la claridad del día no penetraba nunca allí. Pero,

al entrar María, toda la gruta se iluminó y resplandeció, como si el sol la hubiera invadido, y fuese la hora sexta del día, y, mientras María estuvo en la caverna, ésta permaneció iluminada, día y noche, por aquel resplandor divino. Y ella trajo al mundo un hijo que los ángeles rodearon desde que nació, diciendo: Gloria a Dios en las alturas y paz en la tierra a los hombres de buena voluntad.

3. Y José había ido a buscar comadronas. Mas, cuando estuvo de vuelta en la gruta, María había ya parido a su hijo. Y José le dijo: Te he traído dos comadronas, Zelomi y Salomé, mas no osan entrar en la gruta a causa de esta luz demasiado viva. Y María, oyéndola, sonrió. Pero José le dijo: No sonrías, antes sé prudente, por si tienes necesidad de algún remedio. Entonces hizo entrar a una de ellas. Y Zelomi, habiendo entrado, dijo a María: Permíteme que te toque. Y, habiéndolo permitido María la comadrona dio un gran grito y dijo: Señor, Señor, ten piedad de mí. He aquí lo que yo nunca he oído, ni supuesto, pues sus pechos están llenos de leche, y ha parido un niño, y continúa virgen. El nacimiento no ha sido maculado por ninguna efusión de sangre, y el parto se ha producido sin dolor. Virgen ha concebido, virgen ha parido, y virgen permanece.

4. Oyendo estas palabras, la otra comadrona, llamada Salomé, dijo: Yo no puedo creer eso que oigo, a no asegurarme por mí misma. Y Salomé, entrando, dijo a Maria: Permíteme tocarte, y asegurarme de que lo que ha dicho Zelomi es verdad. Y, como María le diese permiso, Salomé adelanté la mano. Y al tocarla, súbitamente su mano se secó, y de dolor se puso a llorar amargamente, y a desesperarse, y a gritar: Señor, tú sabes que siempre te he temido, que he atendido a los pobres sin pedir nada en cambio, que nada he admitido de la viuda o del huérfano, y que nunca he despachado

a un menesteroso con las manos vacías. Y he aquí que hoy me veo desgraciada por mi incredulidad, y por dudar de vuestra virgen.

5. Y, hablando ella así, un joven de gran belleza apareció a su lado, y la dijo: Aproxímate al niño, adóralo, tócalo con tu mano, y él te curará, porque es el Salvador del mundo y de cuantos esperan en él. Y tan pronto como ella se acercó al niño, y lo adoró, y tocó los lienzos en que estaba envuelto, su mano fue curada. Y, saliendo fuera, se puso a proclamar a grandes voces los prodigios que había visto y experimentado, y cómo había sido curada, y muchos creyeron en sus palabras.

6. Porque unos pastores afirmaban a su vez que habían visto a medianoche ángeles cantando un himno, loando y bendiciendo al Dios del cielo, y diciendo que el Salvador de todos, el Cristo, había nacido, y que en él debía Israel encontrar su salvación.

7. Y una gran estrella brillaba encima de la gruta, de la tarde a la mañana, y nunca, desde el principio del mundo, se había visto una tan grande. Y los profetas que estaban en Jerusalén decían que esa estrella indicaba el nacimiento del Cristo, el cual debía cumplir las promesas hechas, no sólo a Israel, sino a todas las naciones.

El buey y el asno del pesebre

XIV 1. El tercer día después del nacimiento del Señor, María salió de la gruta, y entró en un establo, y deposité al niño en el pesebre, y el buey y el asno lo adoraron. Entonces se cumplió lo que había anunciado el profeta Isaías: El buey ha conocido a su dueño y el asno el pesebre de su señor.

2. Y estos mismos animales, que tenían al niño entre ellos, lo adoraban sin cesar. Entonces se cumplió

lo que se dijo por boca del profeta Habacuc: Te manifestarás entre dos animales. Y José y María permanecieron en este sitio con el niño durante tres días.

La circuncisión

XV 1. El sexto día entraron en Bethlehem, donde pasaron el séptimo día. El octavo, circuncidaron al niño, y lo llamaron Jesús, como lo había denominado el ángel antes de su concepción. Cuando se cumplieron, según la ley de Moisés, los días de la purificación de María, José condujo al niño al templo del Señor. Y, como el niño había sido circunciso, ofrecieron por él dos tórtolas y dos pichones.

2. Y había en el templo un hombre de Dios, perfecto y justo, llamado Simeón, y de edad de ciento doce años. Y el Señor le había hecho saber que no moriría sin haber visto al Cristo, hijo de Dios encarnado. Cuando hubo visto al niño, gritó en alta voz: Dios ha visitado a su pueblo y el Señor ha cumplido su promesa. Y adoró al niño. Luego, tomándolo en su manto, lo adoró otra vez, y le besó los pies, diciendo: Ahora, Señor, deja partir a tu servidor en paz, según tu promesa, puesto que mis ojos han visto tu salvación, que has preparado a la faz de todos los pueblos: luz que debe disipar las tinieblas de las naciones, e ilustrar a Israel, tu pueblo.

3. Había también en el templo del Señor una profetisa llamada Ana, hija de Fanuel, de la tribu de Aser, que había vivido con su marido siete años después de su virginidad, y que era viuda hacía ochenta y cuatro años. Nunca se había alejado del templo del Señor, entregándose siempre a la oración y al ayuno. Y, acercándose, adoró al niño, y proclamó que era la redención del siglo.

Visita de los magos

XVI 1. Y, transcurridos dos años, vinieron de Oriente a Jerusalén unos magos, que traían consigo grandes ofrendas, y que interrogaron a los judíos, diciéndoles: ¿Dónde está el rey que os ha nacido? Porque hemos visto su estrella en Oriente, y venimos a adorarlo. Y la nueva llegó al rey Herodes, y lo asustó tanto, que consultó a los escribas, a los fariseos y a los doctores del pueblo para saber por ellos dónde habían anunciado los profetas que debía nacer el Cristo. Y ellos respondieron: En Bethlehem de Judea. Porque está escrito: Y tu, Bethlehem, tierra de Judá, no eres la menor entre las ciudades de Judá, porque de ti debe salir el jefe que regirá a Israel, mi pueblo. Entonces el rey Herodes llamó a los magos, e inquirió de ellos el tiempo en que la estrella había aparecido. Y los envió a Bethlehem, diciéndoles: Id, e informaos exactamente del niño, y, cuando lo hayáis encontrado, anunciádmelo, a fin de que yo también lo adore.

2. Y, al dirigirse los magos a Bethlehem, la estrella les apareció en el camino, como para servirles de guía, hasta que llegaron adonde estaba el niño. Y los magos, al divisar la estrella, se llenaron de alegría, y, entrando en su casa, vieron al niño Jesús, que reposaba en el seno de su madre. Entonces descubrieron sus tesoros, e hicieron a María y a José muy ricos presentes. Al niño mismo cada uno le ofreció una pieza de oro. Después, uno ofreció oro, otro incienso y otro mirra. Y, como quisieran volver a Herodes, un ángel les advirtió en sueños que no hiciesen tal. Adoraron, pues, al niño con alegría extrema, y volvieron a su país por otro camino.

Degollación de los inocentes

XVII 1. Viendo el rey Herodes que había sido burlado por los magos, ardió en cólera, y envió gentes para que los capturaran y los mataran. Y, no habiéndolos apresado, ordenó degollar en Bethlehem a todos los niños de dos años para abajo, según el tiempo que había inquirido de los magos.

2. Pero la víspera del día en que esto tuvo lugar, José fue advertido en sueños por un ángel del Señor, que le dijo: Toma a María y al niño, y dirígete a Egipto por el camino del desierto. Y José partió, siguiendo las palabras del ángel.

Jesús y los dragones

XVIII 1. Habiendo llegado a una gruta, y queriendo reposar allí, María descendió de su montura, y se sentó, teniendo a Jesús en sus rodillas. Tres muchachos hacían ruta con José, y una joven con María. Y he aquí que de pronto salió de la gruta una multitud de dragones, y, a su vista, los niños lanzaron gritos de espanto. Entonces Jesús, descendiendo de las rodillas de su madre, se puso en pie delante de los dragones, y éstos lo adoraron, y se fueron. Y así se cumplió la profecía de David: Alabad al Señor sobre la tierra, vosotros, los dragones y todos los abismos.

2. Y el niño Jesús, andando delante de ellos, les ordenó no hacer mal a los hombres. Pero José y María temían que el niño fuese herido por los dragones. Y Jesús les dijo: No temáis, y no me miréis como un niño, porque yo he sido siempre un hombre hecho, y es preciso que todas las bestias de los bosques se amansen ante mi.

Los leones guían la caravana

XIX 1. Igualmente los leones y los leopardos lo adoraban, y los acompañaban en el desierto. Por doquiera que iban José y María, ellos los precedían, señalaban la ruta, e, inclinando sus cabezas, reverenciaban a Jesús. El primer día que María vio venir leones y toda clase de fieras hacia ella, tuvo gran temor. Pero el niño Jesús, mirándola alegremente, le dijo: No temas nada, madre mía, que no es por hacerte mal, sino para obedecerte, por lo que vienen a tu alrededor. Y, con estas palabras, disipó todo temor del corazón de Maria.

2. Los leones hacían camino con ellos y con los bueyes y los asnos y las bestias de carga que llevaban los equipajes, y no les causaban ningún mal, sino que marchaban con toda dulzura entre los corderos y las ovejas que José y María habían llevado de Judea, y que conservaban con ellos. Y andaban también por entre los lobos, y nadie sufría ningún mal. Entonces se cumplió lo que había dicho el profeta: Los lobos pacerán con los corderos, y el león y el buey comerán la misma paja. Porque había dos bueyes y una carreta en la que iban los objetos necesarios, y los leones los dirigían en su marcha.

Milagro de la palmera

XX 1. Y ocurrió que, al tercer día de su viaje, María estaba fatigada en el desierto por el ardor del sol, y, viendo una palmera, dijo a José: Voy a descansar un poco a su sombra. Y José la condujo hasta la palmera, y la hizo apearse de su montura. Cuando María estuvo sentada, levantó los ojos a la palmera, y, viendo que estaba cargada de frutos, dijo a José: Yo quisiera, si fuese posible, probar los frutos de esta palmera. Y José le dijo: Me sorprende que hables así, viendo la altura de ese árbol, y que pienses en comer sus frutos. Lo que a mí me preocupa es la falta de agua, pues ya no queda en nuestros odres, y no tenemos para nosotros, ni para nuestros animales.

2. Entonces el niño Jesús, que descansaba, con la figura serena y puesto sobre las rodillas de su madre, dijo a la palmera: Arbol, inclínate, y alimenta a mi madre con tus frutos. Y a estas palabras la palmera inclinó su copa hasta los pies de María, y arrancaron frutos con que hicieron todos refacción. Y, no bien hubieron comido, el árbol siguió inclinado, esperando para erguirse la orden del que lo había hecho inclinarse. Entonces le dijo Jesús: Yérguete, palmera, recobra tu fuerza, y sé la compañera de los árboles que hay en el paraíso de mi Padre. Descubre con tus raíces el manantial que corre bajo tierra, y haz que brote agua bastante para apagar nuestra sed. Y en seguida el árbol se enderezó, y de entre sus raíces brotaron hilos de un agua muy clara, muy fresca y de una extremada dulzura. Y, viendo aquel agua, todos se regocijaron, y bebieron, ellos y todas las bestias de carga, y dieron gracias a Dios.

La palma de la victoria

XXI 1. A la mañana siguiente, partieron, y, en el momento en que se ponían en camino, Jesús se volvió hacia la palmera y dijo: Yo te concedo, palmera, el privilegio de que una de tus ramas sea llevada por mis ángeles y plantada en el paraíso de mi Padre. Te quiero conferir este favor, para que se diga a aquellos que hayan vencido en cualquier lucha: Has obtenido la palma de la victoria. Y, mientras decía esto, he aquí que un ángel del Señor apareció sobre la palmera, y, tomando una de sus ramas, voló hacia el cielo con ella en la mano.

2. Y, viendo tal, todos cayeron de hinojos, y quedaron como muertos. Mas Jesús les dijo: ¿Por qué ha invadido el temor vuestros corazones? ¿Ignoráis que esa palmera que he hecho transportar al paraíso será dispuesta para todos los santos en un lugar de delicias, como ha sido preparada para vosotros en este desierto? Y todos se levantaron llenos de alegría.

Los ídolos de Sotina

XXII 1. Y, según caminaban, José dijo a Jesús: Señor, el calor nos abruma. Tomemos, si quieres, el camino cercano al mar, para poder reposar en las ciudades de la costa. Jesús le respondió: No temas nada, José, que yo abreviaré nuestra ruta, de suerte que la distancia que habíamos de recorrer en treinta días la franqueemos en esta sola jornada. Y, mientras hablaban así, he aquí que, mirando ante ellos, divisaron las montañas y las ciudades de Egipto.

2. Alegremente entraron en el territorio de Hermópolis y llegaron a una ciudad denominada Sotina, y, como no conocían a nadie que hubiese podido darles hospitalidad, penetraron en un templo que se llamaba el capitolio de Egipto. Y en este templo había trescientos sesenta y cinco ídolos, a quienes se rendían a diario honores divinos con ceremonias sacrílegas.

Cumplimiento de una profecía de Isaías

XXIII 1. Pero ocurrió que, cuando la bienaventurada María, con el niño, entró en el templo, todos los ídolos cayeron por tierra, cara al suelo y hechos pedazos, y así revelaron que no eran nada.

2. Entonces se cumplió lo que había dicho el profeta Isaías: He aquí que el Señor vendrá sobre una nube ligera, y entrará en Egipto, y todas las obras de la mano de los egipcios temblarán ante su faz.

Afrodisio adora a Jesús

XXIV 1. Y, anunciada la nueva a Afrodisio, gobernador de la ciudad, éste vino al templo con todas sus tropas. Y, al verlo acudir, los pontífices del templo esperaban que castigase a los que habían causado la caída de los dioses.
2. Pero, entrando en el templo, cuando vio a todos los ídolos caídos de cara al suelo, se acercó a María, y adoró al niño, que ella llevaba sobre su seno, y, cuando lo hubo adorado, se dirigió a su ejército y a sus amigos, diciendo: Si éste no fuera el Dios de nuestros dioses, éstos no se prosternarían ante él, por lo que atestiguan tácitamente que es su Señor. Conque, si nosotros no hacemos prudentemente lo que vemos hacer a nuestros dioses, correremos el riesgo de atraer su indignación y de perecer, como ocurrió al Faraón de Egipto, que, por no rendirse a grandes prodigios, fue ahogado en el mar con todo su ejército. Entonces, por Jesucristo, todo el pueblo de aquella ciudad creyó en el Señor Dios.

Regreso de Egipto a Judea

XXV 1. Poco tiempo más tarde, el ángel dijo a José:
2. Vuelve al país de Judá, pues muertos son los que querían la vida del niño.

Juegos del niño Jesús

XXVI 1. Después de su vuelta de Egipto, y estando en Galilea, Jesús, que entraba ya en el cuarto año de su edad, jugaba un día de sábado con los niños a la orilla del Jordán. Estando sentado, Jesús hizo con la azada siete pequeñas lagunas, a las que dirigió varios pequeños surcos, por los que el agua del río iba y venía. Entonces uno de los niños, hijo del diablo, obstruyó por envidia las salidas del agua, y destruyó lo que Jesús había hecho. Y Jesús le dijo: ¡Sea la desgracia sobre ti, hijo de la muerte, hijo de Satán! ¿Cómo te atreves a destruir las obras que yo hago? Y el que aquello había hecho murio.

2. Y los padres del difunto alzaron tumultuosamente la voz contra José y María, diciendo: Vuestro hijo ha maldecido al nuestro, y éste ha muerto. Y, cuando José y María los oyeron, fueron en seguida cerca de Jesús, a causa de las quejas de los padres, y de que se reunían los judíos. Pero José dijo en secreto a María: Yo no me atrevo a hablarle, pero tú adviértelo y dile: ¿Por qué has provocado contra nosotros el odio del pueblo y nos has abrumado con la cólera de los hombres? Y su madre fue a él, y le rogó, diciendo: Señor, ¿qué ha hecho ese niño para morir? Pero él respondió: Merecía la muerte, porque había destruido las obras que yo hice.

3. Y su madre le insistía, diciendo: No permitas, Señor, que todos se levanten contra nosotros. Y él, no queriendo afligir a su madre, tocó con el pie derecho la pierna del muerto, y le dijo: Levántate, hijo de la iniquidad, que no eres digno de entrar en el reposo de mi Padre, porque has destruido las obras que yo he hecho. Entonces, el que estaba muerto, se levantó, y se

fue. Y Jesús, por su potencia, condujo el agua por unos surcos a las pequeñas lagunas.

Los gorriones de Jesús

XXVII 1. Después de esto, Jesús tomó el barro de los hoyos que había hecho y, a la vista de todos, fabricó doce pajarillos. Era el día del sábado, y había muchos niños con él. Y, como uno de los judíos hubiese visto lo que hacía, dijo a José: ¿No estás viendo al niño Jesús trabajar el sábado, lo que no está permitido? Ha hecho doce pajarillos con su herramienta. José reprendió a Jesús, diciéndole: ¿Por qué haces en sábado lo que no nos está permitido hacer? Pero Jesús, oyendo a José, batió sus manos y dijo a los pájaros: Volad. Y a esta orden volaron, y, mientras todos oían y miraban, él dijo a las aves: Id y volad por el mundo y por todo el universo, y vivid.

2. Y los asistentes, viendo tales prodigios, quedaron llenos de gran asombro. Unos lo admiraban y lo alababan, mas otros lo criticaban. Y algunos fueron a buscar a los príncipes de los sacerdotes y a los jefes de los fariseos, y les contaron que Jesús, hijo de José, en presencia de todo el pueblo de Israel, había hecho grandes prodigios, y revelado un gran poder. Y esto se relató en las doce tribus de Israel.

Muerte del hijo de Anás

XXVIII 1. Y otra vez un hijo de Anás, sacerdote del templo, que había venido con José, y que llevaba en la mano una vara, destruyó con ella, lleno de cólera y en presencia de todos, los pequeños estanques que Jesús había hecho, y esparció el agua que Jesús había conducido, y destruyó los surcos por donde venía.

2. Y Jesús, viendo esto, dijo a aquel muchacho que había destruido su obra: Grano execrable de iniquidad, hijo de la muerte, oficina de Satán, a buen seguro que el fruto de tu semilla quedará sin fuerza, tus raíces sin humedad, tus ramas áridas y sin sazonar. Y en seguida, en presencia de todos, el niño se desecó, y murió.

Castigo de los hijos de Satán

XXIX 1. Entonces José se espantó, y llevó a Jesús y a su madre a casa.

2. Y he aquí que un niño, también agente de iniquidad, corriendo a su encuentro, se arrojó sobre un hombro de Jesús, por burlarse de él, o por hacerle daño, si podía. Pero Jesús le dijo: No volverás sano y salvo del camino que haces. Y en seguida el niño feneció. Y los padres del muerto, que habían visto lo que pasara, dieron gritos, diciendo: ¿Dónde ha nacido ese niño? Manifiesta que toda palabra que dice es verdadera, y aun a menudo se cumple antes de que la pronuncie. Y se acercaron a José, y le dijeron: Conduce a Jesús fuera de aquí, porque no puede habitar con nosotros en esta población. O, a lo menos, enséñale a bendecir, y no a maldecir. Y José fue a Jesús y le dijo: ¿Por qué obras así? Muchos tienen ya quejas de ti, y nos odian por tu causa, y por ti sufrimos vejaciones de las gentes. Mas Jesús, respondiendo a José, dijo: No hay más hijo prudente que aquel a quien su padre ha instruido siguiendo la ciencia de este tiempo, y la maldición de su padre no daña a nadie, sino a los que hacen el mal.

3. Entonces las gentes se amotinaron contra Jesús, y lo acusaron ante su padre. Y, cuando José vio aquello, se asustó mucho, temiendo un acceso de violencia y una sedición en el pueblo de Israel. En aquel momento, Jesús tomó por la oreja al niño que había muerto, y lo

alzó de tierra en presencia de todos. Y se vio entonces a Jesús conversar con él, como un padre con su hijo. Y el espíritu del niño volvió en sí, y se reanimó, y todos quedaron llenos de sorpresa.

Zaquías

XXX 1. Un maestro judío, llamado Zaquías, habiendo oído asegurar de Jesús que poseía una sabiduría más que eminente, concibió propósitos intemperantes e inconsiderados contra José, a quien dijo: ¿No quieres confiarme a tu hijo, para que lo instruya en la ciencia humana y en la religión? Pero bien veo que tú y María preferís vuestro hijo a las tradiciones de los ancianos del pueblo. Deberíais respetar más a los sacerdotes de la Sinagoga de Israel, y cuidar de que vuestro hijo compartiese con los otros niños una afección mutua, y de que se instruyese, al lado de ellos, en la doctrina judaica.

2. José respondió diciendo: ¿Y quién es el que podrá guardar e instruir a ese niño? Mas, si tú quieres hacerlo, nosotros no nos oponemos en modo alguno a que lo ilustres en todo aquello que los hombres enseñan. Habiendo oído Jesús las palabras de Zaquías, le respondió, y le dijo: Maestro de la ley, a un hombre como tú, le conviene parar en todo lo que acabas de decir y de nombrar. Yo soy extraño a vuestras instituciones, y estoy exento de vuestros tribunales, y no tengo padre según la carne. Cuanto a vosotros que leéis la Ley, y que os instruís en ella, debéis permanecer en ella. Aunque presumas de no tener igual en materia de ciencia, aprenderás de mí que ningún otro que yo puede enseñar las cosas de que has hablado. Y, cuando haya salido de la tierra, abolirá toda mención de la genealogía de tu raza. Tú, en efecto, ignoras de quién he na-

cido, y de dónde vengo. Pero yo os conozco a todos exactamente, y sé cuándo habéis nacido, y qué edad tenéis, y cuánto tiempo permaneceréis en este mundo.

3. Entonces cuantos habían oído estas palabras quedaron asombrados, y exclamaron: He aquí un verdaderamente grande y admirable misterio. Nunca hemos oído nada semejante. Nada de este género ha sido dicho por otro, ni por los profetas, ni por los fariseos, ni nunca tal se ha oído. Nosotros sabemos dónde él ha nacido, y que tiene cinco años apenas. ¿De dónde viene que pronuncie esas palabras? Los fariseos respondieron: Jamás oímos a un niño tan pequeño pronunciar tales palabras.

4. Y Jesús, contestándoles, dijo: ¿Os sorprende oír a un niño pronunciar tales palabras? ¿Por qué, pues, no dais fe a lo que os he dicho? Y puesto que, cuando yo os he dicho que sé cuándo habéis nacido, os habéis asombrado, os diré más, para que os asombráis más aún. Yo he tratado a Abraham, a quien vosotros llamáis vuestro padre, y le he hablado, y él me ha visto. Oyendo estas palabras, todos callaban, y nadie osaba hablar. Y Jesús les dijo: He estado entre vosotros con los niños, y no me habéis conocido. Os he hablado como a sabios, y no me habéis comprendido, porque, en realidad, sois más jóvenes que yo, y además, no tenéis fe.

Sabiduría de Jesús. Confusión de Leví

XXXI 1. Otra vez el maestro Zaquías, doctor de la Ley, dijo a José y María: Dadme al niño, y lo confiará al maestro Leví, que le enseñará las letras, y lo instruirá. Entonces José y María, acariciando a Jesús, lo condujeron a la escuela, para que fuese instruido por el viejo Leví. Jesús, luego que entró, guardaba silencio. Y el maestro Leví, nombrando una letra a Jesús, y comenzando por la primera, Aleph, le dijo: Responde. Pero Jesús calló, y no respondió nada. Entonces el maestro, irritado, cogió una vara, y le pegó en la cabeza.

2. Pero Jesús dijo al profesor: Sabe, en verdad, que el que es golpeado instruye al que le pega, en vez de ser instruido por él. Pero todos los que estudian y que escuchan son como un bronce sonoro o como un címbalo resonante, y les falta el sentido y la inteligencia de las cosas significadas por su sonido. Y, continuando Jesús, dijo a Zaquías: Toda letra, desde la Aleph a la Thau, se distingue por su disposición. Dime, pues, primero lo que es Thau, y te diré lo que es Aleph. Y aún dijo Jesús: Hipócritas, ¿cómo los que no conocen lo que es Aleph podrán decir Thau? Di primero lo que es Aleph, y te creerá cuando digas Beth. Y Jesús se puso a preguntar el nombre de cada letra, y dijo: Diga el maestro de la Ley lo que es la primera letra, o por qué tiene numerosos triángulos, graduados, agudos, etc. Cuando Leví lo oyó hablar así del orden y disposición de las letras, quedó estupefacto.

3. Entonces comenzó a gritar ante todos, y a decir: ¿Es que este niño debe vivir sobre la tierra? Merece, por el contrario, ser elevado en una gran cruz. Porque puede apagar el fuego, y burlarse de otros tormentos. Pienso que existía antes del cataclismo, y que ha nacido antes del diluvio. ¿Qué entrañas lo han llevado? ¿Qué madre lo ha puesto en el mundo? ¿Qué seno lo ha amamantado? Me arredro ante él, por no poder sostener la palabra que sale de su boca. Mi corazón se asombra de oír tales palabras, y pienso que a ningún hombre es dable comprenderlas, a menos que Dios no esté con él. Y ahora, desgraciado de mí, he quedado entregado a sus burlas. Ahora que creía tener un discípulo, he encontrado un maestro, sin saberlo. ¿Qué diré? No puedo sos-

tener las palabras de este niño, y huirá de esta ciudad, porque no puedo comprenderlo. Viejo soy, y he sido vencido por un niño. No puedo encontrar ni el principio ni el fin de lo que afirma. Os digo, en verdad, y no miento, que, a mis ojos, este niño, juzgando por sus primeras palabras y por el fin de su intención, no parece tener nada de común con los hombres. No sé si es un hechicero o un dios, o si un ángel de Dios había en él. Lo que es, de dónde viene, lo que llegará a ser, lo ignoro.

4. Entonces Jesús, con aire satisfecho, le sonrió, y dijo en tono imperioso a los hijos de Israel, que estaban presentes, y que lo escuchaban: Los estériles sean fecundos, los ciegos vean, los cojos anden derechos, los pobres tengan bienes, y los muertos resuciten, para que cada uno vuelva a su estado primero, y viva en aquel que es la raíz de la vida y de la dulzura perpetua. Y, cuando el niño Jesús hubo dicho esto, todos los que estaban aquejados de enfermedades fueron curados. Y nadie osaba ya decirle nada, ni oír nada de él.

Jesús resucita a un niño muerto

XXXII 1. Después de esto, José y María fueron con Jesús a la ciudad de Nazareth, y él estaba allí con sus padres. Un día de sábado, en que Jesús jugaba en la terraza de una casa con otros niños, uno de ellos hizo caer de la terraza al suelo a otro, que murió. Y como los padres del niño no habían visto esto, lanzaron gritos contra José y María, diciendo: Vuestro hijo ha hecho caer al nuestro, y lo ha matado.

2. Pero Jesús callaba, y no respondía palabra. José y María fueron cerca de Jesús, y su madre lo interrogó, diciendo: Mi Señor, dime si tú lo has tirado. Entonces Jesús descendió de la terraza, y llamó al muerto por su

nombre de Zenón. Y éste respondió: Señor. Y Jesús le preguntó: ¿Te he tirado yo de la terraza al suelo? El niño contestó: No, Señor.

3. Y los padres del niño que había muerto se maravillaron, y honraron a Jesús por el milagro que había hecho. Y de allí José y María partieron con Jesús para Jericó.

Jesús en la fuente

XXXIII 1. Jesús tenía seis años, y su madre lo envió a buscar agua a la fuente con los niños. Y sucedió que, cuando había llenado su vasija de agua, uno de los niños lo empujó y le destrozó la vasija.

2. Pero Jesús extendió el manto que llevaba, y recogió en él tanta agua como había en el cántaro, y la llevó a su madre. La cual, viendo todo esto, se sorprendía, meditaba dentro de sí misma, y lo guardaba todo en su corazón.

Milagro del grano de trigo

XXXIV 1. Otro día Jesús fue al campo, y, tomando un grano de trigo del granero de su madre, lo sembró él mismo.

2. Y el grano germinó, y se multiplicó extremadamente. Lo recolectó él mismo, y recogió tres medidas de trigo, que dio a sus numerosos parientes.

Jesús en medio de los leones

XXXV 1. Hay un camino que sale de Jericó, y que va hacia el Jordán, en el lugar por donde pasaron los hijos de Israel, y donde se dice que se detuvo el arca de la alianza. Y Jesús, siendo de edad de ocho años, salió de Jericó, y fue hacia el Jordán.

2. Y había, al lado del camino, cerca de la orilla del Jordán, una caverna en que una leona nutría sus cachorros, y nadie podía seguir con seguridad aquel camino. Jesús, viniendo de Jericó, y oyendo que una leona tenía su guarida en aquella caverna, entró en ella a la vista de todos. Mas, cuando los leones divisaron a Jesús, corrieron a su encuentro, y lo adoraron. Y Jesús estaba sentado en la caverna, y los leoncillos corrían aquí y allá, alrededor de sus pies, acariciándolo y jugando con él. Los leones viejos se mantenían a lo lejos, con la cabeza baja, lo adoraban, y movían dulcemente su cola ante él. Entonces el pueblo, que permanecía a distancia, no viendo a Jesús, dijo: Si no hubiesen él o sus parientes cometido grandes pecados, no se habría ofrecido él mismo a los leones. Y, mientras el pueblo se entregaba a estos pensamientos, y estaba abrumado de tristeza, he aquí que de súbito, en presencia de todos, Jesús salió de la caverna, y los leones viejos lo precedían, y los leoncillos jugaban a sus pies.

3. Los parientes de Jesús se mantenían a distancia, con la cabeza baja, y miraban. El pueblo permanecía también alejado, a causa de los leones, y no osaba unirse a ellos. Entonces Jesús dijo al pueblo: ¡Cuánto más valen las bestias feroces, que reconocen a su Maestro, y que lo glorifican, que vosotros, hombres, que habéis sido creados a imagen y semejanza de Dios, y que lo ignoráis! Las bestias me reconocen, y se amansan. Los hombres me ven, y no me conocen.

Jesús despide en paz a los leones y les ordena que no hagan daño a nadie

XXXVI 1. Luego Jesús atravesó el Jordán con los

leones, a la vista de todos, y el agua del Jordán se separó a derecha e izquierda. Entonces dijo a los leones, de forma que todos lo oyeran: Id en paz, y no hagáis daño a nadie, pero que nadie os enoje hasta que volváis al lugar de que habéis salido.

2. Y las fieras, saludándolo, no con la voz, pero sí con la actitud del cuerpo, volvieron a la caverna. Y Jesús regresó cerca de su madre.

Milagro del trozo de madera

XXXVII 1. Como José era carpintero, y no fabricaba más que yugos para los bueyes, arados, carros, instrumentos de labranza y camas de madera, ocurrió que un hombre joven le encargó hacerle un lecho de seis codos. José mandó a su aprendiz cortar la madera mediante una sierra de hierro, según la medida que había sido dada. Pero el aprendiz no guardó la medida prescrita, e hizo una pieza de madera más corta que la otra. Y José empezó a preocuparse y a pensar en lo que convenía hacer al respecto.

2. Y, cuando Jesús lo vio preocupado con que no había arreglo posible, le habló para consolarlo, diciéndole: Ven, tomemos las extremidades de las dos piezas de madera, coloquémoslas una junto a otra, y tiremos de ellas hacia nosotros, para que podamos hacerlas iguales. José obedeció, porque sabía que podía hacer cuanto quisiera. Y tomó los extremos de los trozos de madera, y los apoyó contra un muro, cerca de él, y Jesús tomó los otros extremos, tiró del trozo más corto, y lo hizo igual al más largo. Y dijo a José: Ve a trabajar, y haz lo que has prometido. Y José hizo lo que había prometido.

Explicación del alfabeto

XXXVIII 1. Por segunda vez pidió el pueblo a José y María que enviasen a Jesús a aprender las letras a la escuela. No se negaron a hacerlo, y, siguiendo el orden de los ancianos, lo llevaron a un maestro para que lo instruyese en la ciencia humana. Y el maestro comenzó a instruirlo con un tono imperioso, ordenándole: Di Alpha. Pero Jesús le contestó: Dime primero qué es Beth, y te diré qué es Alpha. Y el maestro, irritado, pegó a Jesús, y, apenas lo hubo tocado, cuando murió.

2. Y Jesús volvió a casa de su madre. José, aterrado, llamó a María y le dijo: Mi alma está triste hasta la muerte por causa de este niño. Porque puede ocurrir que cualquier día alguien lo hiera a traición, y muera. Pero María, respondiéndole, dijo: Hombre de Dios, no creo que eso pueda pasar, antes creo con certeza que aquel que lo ha enviado para nacer entre los hombres lo protegerá contra toda malignidad, y lo conservará en su nombre al abrigo del mal.

El niño Jesús explica la Ley

XXXIX 1. Por tercera vez rogaron los judíos a María y a José que condujeran con dulzura al niño a otro maestro, para ser instruido. Y José y María, temiendo al pueblo, a la insolencia de los príncipes y a las amenazas de los sacerdotes, lo llevaron de nuevo a la escuela, aun sabiendo que nada podía aprender de un hombre el que tenía de Dios una ciencia perfecta.

2. Cuando Jesús hubo entrado en la escuela, guiado por el Espíritu Santo, tomó el libro de manos del maestro que enseñaba la Ley, y en presencia de todo el pueblo, que lo veía y oía, se puso a leer no lo que estaba escrito en el libro, sino que hablaba en él

el espíritu de Dios vivo, como si un torrente de agua brotase de una fuente viva, y como si esa fuente estuviese siempre colmada. Y enseñó al pueblo con tanta energía la grandeza de Dios, que el mismo maestro cayó a tierra, y lo adoró. Pero el corazón de los que allí estaban, y lo habían oído hablar, fue presa del estupor. Y cuando José lo hubo oído, fue corriendo hacia Jesús, temeroso de que el maestro muriese. Y, viéndolo, el maestro dijo: No me has dado un discípulo, sino un maestro. ¿Quién sostendrá la fuerza de sus palabras? Entonces se cumplió lo que fue dicho por el salmista: El río de Dios está lleno de agua. Tú has preparado su nutrición, porque así es como se prepara.

Jesús resucita a un muerto a ruegos de José

XL 1. Y José partió de allí con María y Jesús, para ir a Capernaum, a orillas del mar, a causa de la maldad de sus enemigos. Y, cuando Jesús moraba en Capernaum, había en la ciudad un hombre llamado José e inmensamente rico. Pero había sucumbido a la enfermedad, y estaba extendido muerto sobre su lecho.

2. Y, cuando Jesús hubo oído a los que gemían y se lamentaban sobre el muerto, dijo a José: ¿Por qué no prestas el socorro de tu bondad a ese hombre que lleva el mismo nombre que tú? Y José le respondió: ¿Qué poder o qué medio tengo yo de prestarle socorro? Y le dijo Jesús: Toma el pañuelo que llevas en la cabeza, ponlo sobre el rostro del muerto, y dile: El Cristo te salve. Y en seguida el muerto quedará curado, y se levantará de su lecho. Después de haberlo oído, José fue corriendo a cumplir la orden de Jesús, entró en la casa del muerto, y colocó sobre su rostro el pañuelo que él llevaba sobre su cabeza, diciéndole: Jesús te salve. Y al

instante el muerto se levantó de su lecho, preguntando quién era Jesús.

Curación de Jacobo

XLI 1. Y fueron a la ciudad que se llama Bethlehem, y José estaba en su casa con María, y Jesús con ellos. Y un día José llamó a Jacobo, su primogénito, y lo envió a la huerta a recoger legumbres para hacer un potaje. Jesús siguió a su hermano a la huerta, y José y María no lo sabían. Y he aquí que, mientras Jacobo recogía las legumbres, una víbora salió de un agujero, y mordió la mano del muchacho, que se puso a gritar, por el mucho dolor. Y, ya desfalleciente, clamaba con voz llena de amargura: ¡Ah, una malvada víbora me ha herido la mano!

2. Pero Jesús, que estaba al otro lado, corrió hacia Jacobo, al oír su grito de dolor, y le tomó la mano, sin hacerle otra cosa que soplarla encima, y refrescarla. Y en seguida Jacobo fue curado, y la serpiente murió. Y José y María no sabían lo que pasaba. Pero a los gritos de Jacobo, y al mandárselo Jesús, corrieron a la huerta, y vieron a la serpiente ya muerta y a Jacobo perfectamente curado.

Jesús y su familia

XLII 1. Cuando José iba a un banquete con sus hijos, Jacobo, José, Judá y Simeón, y con sus dos hijas, y con Jesús y María, su madre, iba también la hermana de ésta, María, hija de Cleofás, que el Señor Dios había dado a su padre Cleofás y a su madre Ana, porque habían ofrecido al Señor a María, la madre de Jesús. Y esta María había sido llamada con el mismo nombre de María para consolar a sus padres.

2. Siempre que estaban reunidos, Jesús los santificaba, y los bendecía, y comenzaba el primero a comer y a beber. Porque ninguno osaba comer, ni beber, ni sentarse a la mesa, ni partir el pan, hasta que Jesús, habiéndolos bendecido, hubiere hecho el primero estas cosas. Si por casualidad no estaba allí, esperaban que lo hiciese. Y, cada vez que él quería aproximarse para la comida, se aproximaban también José y María y sus hermanos, los hijos de José. Y estos hermanos, teniéndolo ante sus ojos como una luminaria, lo observaban y lo temían. Y, mientras Jesús dormía, fuese de día o de noche, la luz de Dios brillaba sobre él. Alabado y glorificado sea por los siglos de los siglos. Amén.

3
EVANGELIO DE LA NATIVIDAD DE MARÍA

Prefacio

El suave requerimiento que me dirigís reclama de mí un trabajo relativamente fácil, pero penoso en grado sumo, por las cuidadosas precauciones que hay que tomar contra el error. Me pedís, en efecto, que ponga por escrito lo que haya encontrado en diversas fuentes sobre la vida y la natividad de la bienaventurada Virgen María hasta su incomparable parto y hasta los primeros momentos del Cristo, empresa poco difícil de ejecutar, pero singularmente presuntuosa, como os digo, por los peligros a que expone a la verdad. Porque lo que de mí exigís, hoy que las canas blanquean mi cabeza, lo he leído, sabedlo, cuando era joven, en un librito que cayó en mis manos. Ciertamente, después de ese lapso, colmado por otras preocupaciones nada triviales, ha podido muy bien suceder que varios rasgos se hayan escapado de mi memoria. Por ende, si accedo a vuestra súplica, habría injusticia en acusarme de haber querido suprimir, añadir o cambiar un ápice de la historia. Si esto ocurriese, y no lo niego, sería, a lo menos, cosa independiente de mi voluntad. En estas condiciones, y en éstas solamente, satisfago vuestros deseos y la curiosidad de los lectores, previniéndoos, empero, tanto a vosotros como a ellos, que el susodicho opúsculo, si no me es infiel la memoria, comenzaba por el siguiente prefacio, que recuerdo, a lo menos en su sentido.

María y sus padres

I *1.* Sabemos que la bienaventurada y gloriosa María siempre virgen, salida del tronco real de la familia de David, nació en la ciudad de Nazareth, y fue educada en Jerusalén, en el templo del Señor. Su padre se llamaba Joaquín, y su madre Ana. Su familia paterna era de Galilea, de la ciudad de Nazareth, y su familia materna era de Bethlehem.

2. Y la vida de ambos esposos era sencilla y santa ante Dios, y piadosa e irreprensible ante los hombres. Todos sus bienes, en efecto, los habían dividido en tres partes, consagrando la primera al templo y a sus servidores, distribuyendo la segunda entre los pobres y los peregrinos, y reservándose la tercera para sí mismo y para los menesteres de su hogar.

3. Y de esta manera, amados por Dios y buenos para los hombres, habían vivido durante cerca de veinte años en un casto connubio, sin tener descendencia. No obstante, habían hecho voto, si por acaso Dios les daba un hijo, de consagrarlo al servicio del Señor. Y, así, cada año, acostumbraban, en los días festivos, a ir, piadosos, al templo.

Maldición de Joaquín por Isachar

II *1.* Y, como se aproximase la fiesta de la Dedicación, Joaquín, con algunos de sus compatriotas, subió a Jerusalén. Y, en aquella época, Isachar era Gran Sacerdote. Y, habiendo visto a Joaquín con su ofrenda, en medio de sus conciudadanos, lo miró con desprecio, y desdeñé sus presentes, preguntándole por qué él, que no tenía hijos, se atrevía a estar entre los que eran fecundos. Y le advirtió que, habiéndolo Dios juzgado indigno de posteridad, no podían serle aceptos sus presentes, por cuanto la Escritura dice: Maldito sea quien no engendre hijos en Israel. Y lo conminó para que se librase de esta maldición, creando una progenitura, porque sólo entonces le sería lícito acercarse, con sus ofrendas, a la presencia del Señor.

2. Y este reproche que se le lanzaba cubrió de extremo oprobio a Joaquín, el cual se retiró al sitio en que estaban sus pastores con sus rebaños. Y no quiso volver a su casa, temiendo sufrir los mismos reproches de sus comarcanos, que habían asistido a la escena, y que habían oído al Gran Sacerdote.

Aparición de un ángel a Joaquín

III *1.* Y permanecía allí desde hacía algún tiempo, cuando, cierto día que estaba solo, le apareció un ángel del Señor, rodeado de una gran luz. Y, a su vista, Joaquín quedó turbado. Pero el ángel apaciguó su turbación, diciéndole: No temas, Joaquín, ni te turbe mi vista, porque soy un ángel del Señor, enviado por Él a ti, para anunciarte que tus súplicas han sido escuchadas, y que tus limosnas han subido a su presencia. Ha visto tu oprobio, y ha considerado el reproche de esterilidad que sin razón se te ha dirigido. Porque Dios es vengador del pecado, mas no de la naturaleza. Y, cuando cierra una matriz, lo hace para abrirla después de una manera más admirable, y para que se sepa que lo que nace así no es fruto de la pasión, sino presente de la Providencia.

2. La primera madre de vuestra nación, Sara, permaneció estéril hasta los ochenta años, a pesar de lo cual, en los últimos días de su vejez, dio a luz a Isaac, en quien le había sido prometido que serían benditas todas las naciones. Asimismo Raquel, tan agradable a Dios y tan amada por Jacob, permaneció estéril durante mucho tiempo, y, no obstante, parió a José, que fue no solamente el dueño de Egipto, sino el salvador de numerosos pueblos que iban a morir de hambre. ¿Quién, entre los jueces, más fuerte que Sansón y más santo que Samuel? Y, sin embargo, ambos a dos tuvieron por madres a mujeres por mucho tiempo estériles. Si, pues, la razón no te persuade por mi boca, cree a lo menos que las concepciones dilatadamente diferidas y los partos tardíos son de ordinario los más portentosos.

3. Así, tu esposa Ana te parirá una niña, y la llamarás María. Y, conforme a vuestro voto, se consagrará al Señor desde su niñez, y estará llena del Espíritu Santo desde el vientre de su madre. Y no comerá ni beberá nada impuro, ni vivirá en medio de las agitaciones populares del exterior, sino en el templo, a fin de que no pueda enterarse, ni aun por sospecha, de nada de lo que existe de vergonzoso en el mundo. Y, con el curso de la edad, bien como ella nació milagrosamente de una mujer estéril, de igual modo, por un prodigio incomparable y permaneciendo virgen, traerá al mundo al hijo del Altísimo, que será llamado Jesús o salvador de todas las naciones, conforme a la etimología de su nombre.

4. Y he aquí el signo de la verdad de las cosas que

te anuncio. Cuando llegues a la Puerta Dorada de Jerusalén, encontrarás a Ana tu esposa, la cual, inquieta hasta hoy por tu retardo, se regocijará sobremanera, al volver a verte. Y, dicho esto, el ángel se separó de Joaquín.

Aparición de un ángel a Ana

IV *1*. Y después apareció a Ana su esposa, diciéndole: No temas, Ana, ni imagines que es un fantasma lo que ves. Yo soy el ángel que ha llevado vuestras oraciones y vuestras limosnas a la presencia de Dios, y que ahora he sido enviado a vosotros para anunciaros el nacimiento de una hija, que se llamará María, y que será bendita entre todas las mujeres. Llena de la gracia del Señor desde el instante de su nacimiento, permanecerá en la casa paterna durante los tres años de su lactancia. Después, consagrada al servicio del Altísimo, no se apartará del templo hasta la edad de la discreción. Y allí, sirviendo a Dios día y noche con ayunos y con plegarias, se abstendrá de todo lo que es impuro, y no conocerá varón jamás, manteniéndose sin tacha, sin corrupción, sin unión con hombre alguno. Empero, virgen, parirá un hijo, y, sierva, parirá a su Señor, el que será por gracia, por título, por acción, el salvador del mundo.

2. Así, pues, levántate, sube a Jerusalén, y, cuando llegues a la llamada Puerta Dorada, allí, a manera de signo, encontrarás a tu esposo, sobre cuyo paradero anda inquieta tu alma. Y, cuando hayan sucedido estas cosas, lo que yo te anuncio se cumplirá al pie de la letra.

Nacimiento de María

V *1*. Y, obedeciendo al mandato del ángel, ambos esposos, abandonando uno y otro los parajes respectivos en que estaban, subieron a Jerusalén. Y, al llegar al lugar designado por el oráculo del ángel, se encontraron mutuamente. Entonces, gozosos de volver a encontrarse, y poseídos de confianza en la verdad de la promesa de que tendrían descendencia, rindieron acción de gracias bien debidas al Señor, que exalta a los humildes.

2. Y, habiendo adorado al Altísimo, regresaron a su casa, y, llenos de júbilo, esperaron la realización de la divina promesa. Y Ana concibió y parió una hija, y, conforme a la orden del ángel, sus padres le pusieron por nombre María.

Presentación de María en el templo

VI *1.* Transcurridos tres años y terminado el tiempo de la lactancia, llevaron a la Virgen con ofrendas al templo del Señor. Y había alrededor del templo, según el número de los salmos graduales, quince gradas que subir. Porque, estando el templo situado sobre una altura, sólo por gradas era accesible el altar de los holocaustos, que estaba situado en el exterior.

2. Y sobre la primera de aquellas gradas colocaron los padres a la bienaventurada Maña, todavía muy pequeña. Y, en tanto que ellos se quitaban los vestidos de viaje, para ponerse, siguiendo la costumbre, trajes más bellos y más propios de la ceremonia, la Virgen del Señor subió todas las gradas, sin mano alguna que la condujese, de tal suerte que todos pensaron que no le faltaba nada, a lo menos en aquella circunstancia, de la perfección de la edad. Es que el Señor, en la infancia misma de la Virgen, operaba ya grandes cosas, y mostraba por aquel milagro lo que sería un día.

3. Y, después de haber celebrado un sacrificio conforme al uso de la ley, dejaron allí a la Virgen, para ser educada en el recinto del templo, con las demás vírgenes. Y ellos regresaron a su casa.

Negativa de la virgen a contraer matrimonio ordinario

VII *1.* Y la Virgen del Señor, a la vez que en edad, crecía igualmente en virtud, y, según la palabra del salmista, su padre y su madre la habían abandonado, pero Dios la había recogido. A diario, en efecto, era visitada por los ángeles, y a diario gozaba de la visión divina, que la libraba de todo mal, y que la hacía abundar en toda especie de bienes. Así llegó a los catorce años, y, no solamente los malos no podían encontrar en ella nada reprensible, sino que todos los buenos que la conocían juzgaban su vida y su conducta dignas de admiración.

2. Entonces el Gran Sacerdote anunció en público que todas las vírgenes que habían sido educadas en el templo, y que tenían catorce años, debían volver a sus hogares, y casarse, conforme a la costumbre de su nación y a la madurez de su edad. Todas las vírgenes obedecieron con premura esta orden. Sólo María, la Virgen del Señor, declaró que no podía hacerlo. Como sus padres la habían consagrado primero a Dios, y ella después había ofrendado su virginidad al Señor, no quería violar este voto, para unirse a un hombre, fuese el que fuese. El Gran Sacerdote quedó sumido en la mayor perplejidad. Él sabía que no era lícito violar un voto contra el mandato de la Escritura, que dice: Haced votos, y cumplidlos. Mas, por otra parte, no le placía introducir un uso extraño a la nación. Ordenó, pues, que, en la fiesta próxima, se reuniesen los notables de Jerusalén y de los lugares vecinos, por cuyo consejo podría saber cómo le convendría obrar en una causa tan incierta.

3. Y así se hizo, y fue común parecer que había que consultar sobre ese punto a Dios. Y, mientras todos se entregaban a la oración, el Gran Sacerdote avanzó para consultar al Señor, según la costumbre. Y, a poco, una voz, que todos oyeron, salió del oráculo y del lugar del propiciatorio. Y esa voz afirmaba que, de acuerdo con la profecía de Isaías, debía buscarse a quien debía desposar y guardar aquella virgen. Porque es bien sabido que Isaías vaticinó: Y saldrá una vara del tronco de Isaí, y un vástago retoñará de sus raíces. Y reposará sobre él el espíritu del Señor, espíritu de inteligencia y de sabiduría, espíritu de fortaleza y de consejo, espíritu de conocimiento y de temor del Altísimo.

4. Y, conforme a esta profecía, el Gran Sacerdote ordenó que todos los hombres de la casa y de la familia de David, aptos para el matrimonio y no casados, llevasen cada uno su vara al altar, y que debía ser confiada y casada la virgen con aquel cuya vara produjera flores, y en la extremidad de cuya vara reposase el espíritu del Señor en forma de paloma.

Recae en José la elección de esposo para la Virgen

VIII *1.* Y había, entre otros, un hombre de la casa y de la familia de David, llamado José y ya avanzado en edad. Y, al paso que todos fueron ordenadamente a llevar sus varas, él omitió llevar la suya. Y, como nada apareció que correspondiese al oráculo divino, el Gran Sacerdote pensó que había que consultar de nuevo al Señor. El cual respondió que, de todos los que habían sido designados, sólo el que no había llevado su vara, era aquel con quien debía casarse la Virgen. José fue así descubierto. Y, cuando hubo llevado su vara, y en su extremidad reposé una paloma venida del cielo, todos convinieron en que a él le pertenecía el derecho de desposar con María.

2. Y, una vez celebrados los desposorios, se retiró a Bethlehem, su patria, para disponer su casa, y preparar todo lo necesario para las nupcias. Cuanto a María, la Virgen del Señor, volvió a Galilea, a casa de sus padres, con otras siete vírgenes de su edad y educadas con ella, que le había dado el Gran Sacerdote.

Revelación hecha por un ángel a la Virgen

IX *1*. Y, en aquellos días, es decir, desde los primeros tiempos de su llegada a Galilea, el ángel Gabriel fue enviado a ella por Dios, para anunciarle que concebiría al Señor, y para exponerle la manera y el orden según el cual las cosas pasarían. Y, entrando en su casa, inundando con gran luz la habitación en que se encontraba, y saludándola muy graciosamente, le dijo: Salve María, virgen muy agradable a Dios, virgen llena de gracia, el Señor es contigo, bendita eres entre todas las mujeres, bendita eres por encima de todos los hombres que hasta el presente han nacido.

2. Y María, que conocía ya bien las fisonomías angélicas, y que estaba habituada a recibir la luz celeste, no se amedrentó ante la visión del enviado divino, ni quedó estupefacta ante aquella luz. Unicamente la palabra del ángel la turbó en extremo. Y se puso a reflexionar sobre lo que podía significar una salutación tan insólita, sobre lo que presagiaba, sobre el fin que tenía. Y el ángel divinamente inspirado previno estas dudas, diciéndole: No temas, María, que mi salutación oculte algo contrario a tu castidad. Has encontrado gracia ante

el Señor, por haber escogido el camino de la pureza, y, permaneciendo virgen, concebirás sin pecado, y parirás un hijo.

3. Y él será grande, porque dominará de un mar a otro, y hasta las extremidades de la tierra. Y será llamado hijo del Altísimo, porque, naciendo en la humildad, reinará en las alturas de los cielos. Y el Señor Dios le dará el trono de David su padre, y prevalecerá eternamente en la casa de Jacob, y su poder no tendrá fin. Es, en efecto, rey de reyes y señor de los señores, y su trono durará por los siglos de los siglos.

4. Y, a estas palabras del ángel, la Virgen, no por incredulidad, sino por no saber la manera como el misterio se cumpliría, repuso: ¿Cómo eso ha de ocurrir? Puesto que, según mi voto, no conozco varón, ¿cómo podré dar a luz, a pesar de ello? Y el ángel le dijo: No pienses, María, que concebirás al modo humano. Sin unión con hombre alguno, virgen concebirás, virgen parirás, virgen amamantarás. Porque el Espíritu Santo descenderá sobre ti, y la virtud del Altísimo te cubrirá con su sombra contra todos los ardores de la pasión. El que de ti saldrá, por cuanto ha de nacer sin pecado, será el único santo y el único merecedor del nombre de hijo de Dios. Entonces, María, con las manos extendidas y los ojos elevados al cielo, dijo: He aquí la esclava del Señor. Hágase en mí según tu palabra.

5. Sería quizá demasiado largo, y para muchos enojoso, insertar en este opúsculo todos los sucesos que, conforme a nuestros textos, precedieron y siguieron a la natividad de Nuestro Señor. Omitiendo, pues, lo que está suficientemente referido en el Evangelio, pasemos a la narración de lo que allí aparece menos detallado.

Revelación hecha por un ángel a José

X *1.* Habiendo ido José de Judea a Galilea, tenía la intención de tomar por esposa a la virgen que le había sido confiada. Porque, desde el día de los desposorios, habían transcurrido ya tres meses, y había comenzado el cuarto. Y, en el intervalo, el vientre de la Virgen se había hinchado, hasta el punto de manifestar su embarazo, cosa que no pudo escapar a José, quien, según la costumbre de los desposados, entraba más libremente a ver a María, y conversaba más familiarmente con ella, por lo que descubrió su estado. Y comenzó a agitarse y a turbarse, ignorando lo que le sería preferible hacer. Como hombre justo, no quería entregarla, y, como hombre piadoso, no quería infamarla, haciendo recaer sobre ella sospecha de fornicación. Pensó, pues, en disolver secretamente su matrimonio, y en devolverla secretamente.

2. Y, estando en estas cavilaciones, he aquí que un ángel del Señor le apareció en sueños, y le dijo: José, hijo de David, no temas, ni imagines que hay en la virgen nada de vergonzoso, porque lo que ha nacido en ella, y que hoy angustia tu corazón, no es obra de un hombre, sino del Espíritu Santo. Entre todas las mujeres, sólo ella, permaneciendo virgen, traerá el hijo de Dios al mundo, Y darás a este hijo el nombre de Jesús, es decir, Salvador, porque salvará a su pueblo de sus pecados.

3. Y José, conforme a la orden del ángel, tomó a María por esposa. Mas no la conoció, sino que la guardó en castidad. Y, llegado el final del noveno mes del embarazo, José, tomando consigo a la Virgen y a las demás cosas que le eran necesarias, partió para la ciudad de Bethlehem, de donde era oriundo. Y sucedió que, durante su estancia en aquel lugar, sobrevino el tiempo del parto de María, la cual trajo al mundo, como los evangelistas nos han enseñado, a su hijo primogénito, Nuestro Señor Jesucristo, que vive y reina, con el Padre y con el Espíritu Santo, por todos los siglos de los siglos.

4
EVANGELIO DE SANTO TOMÁS

(REDACCIÓN GRIEGA)

Preámbulo

I 1. Yo, Tomás Israelita, vengo a anunciaros a todos vosotros, mis hermanos entre los gentiles, para que los conozcáis, los actos de la infancia y los prodigios de Nuestro Señor Jesucristo, cumplidos por él después de su nacimiento en nuestro país. 2. Y he aquí cuál fue su comienzo.

Gorriones hechos con barro

II 1. El niño Jesús, de cinco años de edad, jugaba en el vado de un arroyo, y traía las aguas corrientes a posar, y las tornaba puras en seguida, y con una simple palabra las mandaba. 2. Y, amasando barro, formó doce gorriones, e hizo esto un día de sábado. Y había allí otros muchos niños, que jugaban con él. 3. Y un judío, que había notado lo que hacía Jesús, fue acto seguido, a comunicárselo a su padre José, diciéndole: He aquí que tu hijo está cerca del arroyo, y, habiendo cogido barro, ha compuesto con él doce gorriones, y ha profanado el sábado. 4. Y José se dirigió al lugar que estaba Jesús, lo vio, y le gritó: ¿Por qué haces, en día de sábado, lo que no está permitido hacer? Pero Jesús, dando una palmada, y dirigiéndose a los gorriones, exclamó: Volad. Y los pájaros abrieron sus alas, y volaron, piando con estruendo. 5.Y los judíos quedaron atónitos ante este espectáculo, y fueron a contar a sus jefes lo que habían visto hacer a Jesús.

Muerte del hijo de Anás

III 1.Y el hijo de Anás el escriba se encontraba allí, y, con una rama de sauce, dispersaba las aguas que Jesús había reunido. 2. Y Jesús, viendo lo que ocurría, se encolerizó, y le dijo: Insensato, injusto e impío, ¿qué mal te han hecho estas fosas y estas aguas? He aquí que ahora te secarás como un árbol, y no tendrás ni raíz, ni hojas, ni fruto. 3. E inmediatamente aquel niño se secó por entero. Y Jesús se fue de allí, y volvió a la casa de José. Pero los padres del muchacho muerto lo tomaron en sus brazos, llorando su juventud, y lo llevaron a José, a quien reprocharon tener un hijo que hacía tales cosas.

Castigo infligido por Jesús a un niño

IV 1.Otra vez, Jesús atravesaba la aldea, y un niño que corría, chocó en su espalda. Y Jesús, irritado, exclamó: No continuarás tu camino. Y, acto seguido, el niño cayó muerto. Y algunas personas, que habían visto lo ocurrido, se preguntaron: ¿De dónde procede este niño, que cada una de sus palabras se realiza tan pronto? 2. Y los padres del niño muerto fueron a encontrar a José, y se le quejaron, diciendo: Con semejante hijo no puedes habitar con nosotros en la aldea, donde debes enseñarle a bendecir, y no a maldecir, porque mata a nuestros hijos.

José reprende a Jesús

V 1.Y José tomó a su hijo aparte, y lo reprendió, diciendo: ¿Por qué obras así? Estas gentes sufren, y nos odian, y nos persiguen. Y Jesús respondió: Sé que las palabras que pronuncias no son tuyas. Sin embargo, me callaré a causa de ti. Pero ellos sufrirán su castigo. Y, sin demora, los que lo acusaban, quedaron ciegos. 2. Y los que vieron esto, vacilantes y atónitos, decían de Jesús que toda palabra que pronunciaba, buena o mala, se cumplía, y producía un milagro. Y, cuando hubieron visto que Jesús hacía cosas semejantes, José se levantó, lo agarró por la oreja, y se la estiró con fuerza. 3. Pero el niño se enfadó, y le dijo: Bien fácil te es buscar sin encontrar, y acabas de obrar como un insensato. ¿Ignoras que te pertenezco? No me hagas daño.

Exposición del alfabeto

VI 1. Y un maestro de escuela, llamado Zaqueo, que se encontraba allí, oyó a Jesús hablar así a su padre, y lo sorprendió mucho que un niño se expresase de aquella manera. 2. Y, algunos días después, se acercó a José, y le dijo: Tienes un hijo dotado de buen sentido e inteligencia. Confíalo a mi cuidado, para que aprenda las letras, y, con las letras, le enseñaré toda ciencia. Y también le enseñaré a saludar a los mayores, a honrarlos como antepasados, a respetarlos como padres, y a amar a los de su edad. 3. Y le escribió todas las letras del alfabeto desde Alpha hasta Omega muy puntualmente y con toda claridad. Mas Jesús, mirando a Zaqueo, le dijo: Tú, que no conoces la naturaleza del Alpha, ¿cómo quieres enseñar a los demás la Beta? Hipócrita, enseña primero el Alpha, si sabes, y después te creeremos respecto a la Beta. Luego se puso a discutir con el maestro de escuela sobre las primeras letras, y Zaqueo no pudo contestarle. 4. Y, en presencia de muchas personas, el niño dijo a Zaqueo: Observa, maestro, la disposición de la primera letra, y nota cómo hay líneas y un rasgo mediano que atraviesa las líneas que tú ves comunes y reunidas, y cómo la parte superior avanza y las reúne de nuevo, triples y homogéneas, principales y subordinadas, de igual medida. Tales son las líneas del Alpha.

Perplejidad de Zaqueo

VII 1. Y, cuando Zaqueo, el maestro de escuela, oyó al niño exponer las alegorías tan numerosas y tan grandes de la primera letra, quedó perplejo ante tal respuesta y ante tal enseñanza, y dijo a los asistentes: ¡Desventurado de mí, a qué extremo me veo reducido! Me he cubierto de vergüenza, al traer a mi escuela a este muchacho. 2. Así, pues, hermano José, te ruego que lo lleves contigo, porque no puedo soportar la severidad de su mirada, ni penetrar el sentido de su palabra en modo alguno. Este niño no ha nacido en la tierra, es capaz de domar el fuego mismo, y quizá ha sido engendrado antes de la creación del mundo. ¿Qué vientre lo ha llevado? ¿Qué pecho lo ha nutrido? Lo ignoro. ¡Ay, amigo mío, tu hijo me pone fuera de mí, y no puedo seguir su pensamiento! Me he equivocado en absoluto. Yo quería tener en él un discípulo, y me he encontrado con que tengo en él un maestro. 3. Me doy cuenta de mi oprobio, amigos míos, porque yo, que soy un viejo, he sido vencido por un niño. Y no me queda sino abandonarme al desaliento o a la muerte, a causa de este niño, ya que no puedo, en este momento, mirarlo cara a cara. ¿Qué responderé, cuando digan todos que he sido derrotado por un pequeñuelo? ¿Y qué podré explicar acerca de lo que él me ha dicho de las líneas de la primera raya? No lo sé, amigos míos, por cuanto no conozco, ni el comienzo, ni el fin, de este niño. 4. Así, pues, hermano José, te ruego que lo lleves contigo a tu casa. Es algo muy grande, sin duda: un dios, un ángel o algo parecido.

Conclusión de la historia de Zaqueo

VIII 1. Y, mientras los judíos daban consejos a Zaqueo, el niño rompió a reír, y dijo: Ahora que tu aventura produce sus frutos, y que los ciegos de corazón ven, he aquí que yo vengo de lo alto para maldecirlos, y para llamarlos a lo alto, como me lo ordenó el que me ha enviado a causa de vosotros. 2. Y, cuando el niño hubo acabado de hablar, pronto todos los que habían caído antes bajo su maldición, quedaron curados. Y nadie, desde entonces, se atrevió a provocar nunca su cólera, por miedo a que los maldijese, y los hiriese de enfermedad.

Niño caído de una terraza

IX 1. Algunos días después, Jesús jugaba en una terraza, sobre lo alto de una casa, y uno de los niños que jugaba con él, cayó de la terraza, y murió. Y, Viendo esto, los demás niños huyeron, y Jesús quedó solo. 2. Y, habiendo llegado los padres del niño muerto, acusaron a Jesús de haberlo hecho caer. (Jesús les dijo: Yo no hice tal.) Y lanzaron invectivas contra él. 3. Mas Jesús se tiró de la terraza abajo, se detuvo cerca del cuerpo del niño caído, y gritó a gran voz, diciendo: Zenón (porque tal era su nombre), levántate, y dime: ¿Soy yo quien te hizo caer? Y, habiéndose levantado inmediatamente, el niño repuso: No, Señor, tú no me has hecho caer, sino que me has resucitado. Y los espectadores del lance quedaron conmovidos de asombro. Y los padres del niño glorificaron a Dios por el milagro cumplido, y adoraron a Jesús.

Resurrección de un joven

X 1.Pasados otros cuantos días, un joven cortaba leña en las proximidades del pueblo. Y he aquí que su hacha le hendió la planta del pie, y murió, por haber perdido toda su sangre. 2. Y, como ello produjera una aglomeración y un tumulto de gentes, el niño Jesús corrió también allí, y, haciéndose sitio, atravesó la multitud, y tomó el pie herido del joven, que en seguida quedó curado. Y dijo al joven: Levántate, sigue cortando leña, y acuérdate de mí. Y la multitud, al ver lo que había pasado, adoró al niño, diciendo: Verdaderamente, el espíritu de Dios reside en ti.

Jesús en la fuente

XI 1.Y, cuando tenía seis años, su madre le dio un cántaro, y lo envió a tomar agua, para llevarla a casa. Pero, habiendo tropezado el niño con la multitud, el cántaro se rompió. 2. Entonces Jesús, extendiendo la túnica que lo cubría, la llenó de agua, y la llevó a su madre. Y su madre, reconociendo milagro tal, lo abrazó, y guardó en su corazón los misterios que veía cumplidos.

Milagro del grano de trigo

XII 1. Otra vez, en la época de la siembra, el niño salió con su padre para sembrar trigo en su campo, y, mientras su padre sembraba, el niño Jesús sembró también un grano de trigo. 2. Y, una vez lo hubo recolectado y molido, obtuvo cien medidas y, llamando a la granja a todos los pobres de la aldea, les distribuyó el trigo, y José se quedó con lo que aún restaba. Y Jesús tenía ocho años cuando hizo este milagro.

Milagro de las dos piezas de un lecho

XIII 1. Y su padre era carpintero, y hacía en aquel tiempo carretas y yugos. Y un hombre rico le encargó que le hiciese un lecho. Mas, habiendo cortado una de las piezas más pequeña que la otra, no sabía qué partido tomar. Entonces el niño Jesús dijo a su padre José: Pon las dos piezas en el suelo, e iguálalas por tu lado. 2. Y José procedió como el niño le había indicado. Y Jesús se puso al otro lado, tiró de la pieza más corta, y la tomó igual a la otra. Y su padre José, viendo tal, quedó admirado, y abrazó a Jesús, diciendo: Felicitarme puedo de que Dios me haya dado este niño.

Relaciones con un segundo maestro

XIV 1. Viendo José que el niño crecía en edad y en inteligencia, y no queriendo que permaneciese iletrado, lo llevó a un segundo maestro. Y este maestro dijo a José: Le enseñaré primero las letras griegas, y luego las hebraicas. Porque el maestro conocía la inteligencia del niño. Sin embargo, después de haber escrito el alfabeto, se ocupó largamente de él, y Jesús no le respondió, hasta que le advirtió: 2. Si eres verdaderamente un maestro, y conoces bien el alfabeto, dime primero el valor de Alpha y yo te diré luego el de Beta. Pero el maestro, irritado, le pegó en la cabeza. Y el niño, en su dolor, lo maldijo, y aquél cayó exánime, con la faz contra tierra. 3. Y el niño volvió a casa de José, que quedó muy afligido, y recomendó a su madre: No le dejes pasar la puerta, porque cuantos lo encolerizan, quedan heridos de muerte.

Jesús confunde a un tercer maestro

XV 1.Y, algún tiempo después, otro maestro que era pariente y amigo de José, le dijo: Tráeme al niño a la escuela, que quizá podré por la dulzura enseñarle las letras. Y José le contestó: Si tienes valor, hermano, llévalo contigo. Y lo llevó con temor y repugnancia, y el niño iba con placer. 2. Y, entrando decididamente en la escuela, encontró un libro sobre un pupitre, y, tomándolo, no leía los caracteres que en él se encontraban, sino que, abriendo la boca, hablaba conforme a la inspiración del Espíritu Santo. Y enseñó la Ley a los presentes. Y, juntándose una gran multitud, lo rodeaba, lo escuchaba, y se admiraba de la belleza de sus descripciones, de lo justo de sus discursos, y de que un niño como él se expresase de tal manera. 3. Al oír esto, José, espantado, fue a la escuela, temiendo por la salud del profesor. Y el maestro dijo a José: Sabe, hermano, que yo he tomado al niño por discípulo, pero está lleno de sabiduría y de gracia. Condúcelo, yo te lo ruego, a tu domicilio. 4. Y, cuando el niño hubo oído estas palabras, sonrió. y le dijo: Puesto que has hablado bien, y has dado un buen testimonio, sea por tu causa curado quien fue herido. Y en seguida el otro maestro fue curado. Y José volvió con el niño a su casa.

Jacobo, curado de una mordedura de víbora

XVI 1.Y José envió a su hijo Jacobo a cortar madera, el niño Jesús lo seguía. Y, mientras Jacobo trabajaba, una víbora le mordió en la mano. 2. Y, como sufría y parecía herido de muerte, Jesús se aproximó, y le sopló en la mordedura, y en seguida cesó el dolor, y murió el reptil, y, al instante, Jacobo quedó sano y salvo.

Resurrección de un niño

XVII 1.Más tarde, murió un niño en la vecindad, y su madre lloraba mucho. Y Jesús oyó el clamor de su gran pena y se apresuró a acudir. Y, hallando al niño muerto, le tocó el pecho, y dijo: Yo te mando, niño, que no mueras, sino que vivas, y que te quedes con tu madre. Y en seguida el niño abrió los ojos, y sonrió. Y Jesús dijo a la mujer: Tómalo, y dale leche, y acuérdate de mí. 2. Y, viendo esto, la gente se llenó de admiración, y decía: En verdad, este niño es un Dios o un ángel de Dios, porque toda palabra suya se convierte en un hecho. Y Jesús se fue a jugar con los demás niños.

Resurrección de un hombre

XVIII 1. Algún tiempo más tarde, habiéndose producido en una casa que se construía un gran tumulto, Jesús se levantó, y acudió al lugar. Y, viendo a un hombre que yacía sin vida, le tomó la mano y dijo: Levántate, hombre, y continúa laborando en tu obra, pues yo te lo ordeno. Y el hombre se levantó, y lo adoró. 2. Viendo lo cual, quedó la gente admirada, y decía: Este niño viene del cielo, porque ha salvado almas de la muerte, y las salvará durante toda su vida.

Jesús en medio de los doctores

XIX 1.Cuando tuvo la edad de doce años, sus padres, siguiendo la costumbre, fueron a Jerusalén por las fiestas de Pascua con otros compañeros de viaje, y, después de las fiestas, regresaron a su morada. Y, mientras ellos volvían, el niño Jesús quedó en Jerusalén, y sus padres pensaron que estaba entre sus compañeros de viaje. 2. Mas, tras una jornada de camino, buscaron entre sus deudos, y, no hallándolo, se afligieron, y tomaron a la ciudad para buscarlo. Y, tres días después, lo hallaron en el templo, sentado entre los doctores, escuchándolos e interrogándolos. Y todos estaban atentos y sorprendidos de que un niño redujese al silencio a los ancianos del templo y a los doctores del pueblo, explicando los puntos principales de la Ley y las parábolas de los profetas. 3. Y su madre María, aproximándose, le dijo: ¿Por qué nos has hecho esto, hijo mío? He aquí que estábamos afligidos, y que te buscábamos. Pero Jesús les dijo: ¿Por qué me buscabais? ¿No sabéis que es preciso que yo atienda a las cosas que afectan a mi Padre? 4. Y los escribas y los fariseos dijeron a María: ¿Tú eres madre de este niño? Ella respondió: Lo soy. Y ellos dijeron: Feliz eres entre las mujeres, porque Dios ha bendecido el fruto de tus entrañas. Nunca hemos visto ni oído tanta gloria, tanta virtud, tanta sabiduría. 5. Y Jesús, levantándose, siguió a su madre, y estaba sometido a su familia. Y su madre guardaba estas cosas en su corazón. Y Jesús crecía en sabiduría, en edad y en gracia. Gloria a él por los siglos de los siglos. Amén.

5
EVANGELIO DE SANTO TOMÁS

(REDACCIÓN LATINA)

De cómo Maria y José huyeron con Jesús a Egipto

I 1. Cuando Herodes hizo buscar a Jesús, para matarlo, el ángel dijo a José: 2. Toma a María y a su hijo, y huye a Egipto, lejos de los que quieren matar al niño. 3. Y Jesús tenía dos años cuando entró en Egipto. 4. Y ocurrió que, como cruzasen un sembrado, recogió espigas, y las puso al fuego, y las asó, y las comió. 5. Y, llegados a Egipto, fueron admitidos en la casa de una viuda. 6. Y pasaron un año allí. 7. Y Jesús cumplió los tres años. Y, viendo jugar a los niños, comenzó a tomar parte en sus diversiones. 8. Y, encontrando un pez seco, lo puso en un plato, y le ordenó que palpitase. 9. Y el pez comenzó a palpitar. 10. Y Jesús le dijo: Quítate la sal que has tomado, y ve al agua. 11. Y fue así. Mas los vecinos, viendo lo que había hecho, llevaron la noticia a la casa de la viuda en que vivía María, la madre de Jesús. 12. Y aquella mujer, al saber lo ocurrido, los arrojó de su casa.

Jesús y los doce pajarillos

II 1.Y Jesús, paseando con su madre María por la plaza de la población, vio a un maestro que enseñaba a sus discípulos. 2.Y he aquí que doce pajarillos descendieron sobre donde estaban los discípulos con el maestro. 3. Y Jesús, al observar esto, se paró, y se puso a reír. 4. Y, viéndolo reír, el maestro se encolerizó. 5. Y dijo a sus discípulos: Id y traédmelo. 6. Y cuando se lo llevaron, el maestro lo agarró de una oreja. 7. Y le preguntó: ¿Qué has visto que te haya hecho reír? 8. Y Jesús le contestó: Maestro, he aquí mi mano llena de trigo. 9. Yo lo he mostrado a esos pájaros, y he esparcido este grano, y ellos se han apresurado a venir por él. 10. Y Jesús estuvo allí hasta que los pájaros se repartieron el trigo. 11. Mas el maestro lo echó de la ciudad, con su madre.

Jesús vuelve de Egipto a Judea

III 1.Y he aquí que el ángel del Señor se apareció a María. 2. Y le dijo: Toma el niño, y vuelve a la tierra de los judíos. 3. Porque los que querían su vida, han muerto. 4. Y María se levantó y se llevó a Jesús. 5. Y fueron a la ciudad de Nazareth, donde estaba la hacienda de su padre. 6. Y cuando José salió de Egipto, después de la muerte de Herodes, condujo a Jesús al desierto, hasta que los que querían la vida del niño no turbasen a Jerusalén. 7. Y dio gracias al Altísimo, porque le había dado la inteligencia. 8. Y porque había hallado gracia ante el Señor Dios. Amén.

Cosas que hizo Jesús en la villa de Nazareth

IV 1.Glorioso es para Tomás Israelita, apóstol del

Señor, contar las obras de Jesús, cuando estaba en Nazareth, de regreso de Egipto. 2. Oíd atentamente, hermanos queridos, lo que hizo el Señor Jesús en la ciudad de Nazareth. 3. Jesús tenía cinco años, cuando una gran lluvia cayó sobre la tierra. 4. Y el Señor Jesús andaba bajo la lluvia. 5. Y era espantosa, mas él la reunió en una cisterna y le ordenó ser clara. Y ella lo fue. 6. Y, tomando el barro de aquel pozo, lo modeló, y le dio forma de doce pajaritos. 7. Y Jesús hacía estas cosas un día de sábado, en medio de los hijos de los judíos. 8. Y los hijos de los judíos fueron a José, padre de Jesús, y le dijeron: 9. He aquí que tu hijo jugaba con nosotros. 10. Y ha tomado barro, y ha modelado doce pájaros, y ha violado el sábado. 11. Y José vino al niño Jesús, y le dijo: ¿Por qué has hecho lo que no está permitido hacer en día de sábado? 12. Mas Jesús, abriendo las manos, dijo a los pájaros: Levantaos y volad. 13. Porque nadie ha de daros muerte. 14. Y poniéndose a volar, alababan con sus gritos a Dios Todopoderoso. 15. Y, al ver esto, los judíos, maravilláronse, y empezaron a divulgar los milagros de Jesús. 16. Y un fariseo, que estaba con el niño, tomó un ramo de oliva, y destruyó la fuente que había hecho Jesús. 17. Y, cuando Jesús lo vio, se enojó, y dijo: Sodomita impío e ignorante, ¿qué te habían hecho estas fuentes, que son obra mía? 18. Quedarás como un árbol seco, sin raíces, sin hojas ni frutos. 19. Y el fariseo se secó, y cayó a tierra, y murió. 20. Y sus padres llevaron su cuerpo, y se enojaron con José. 21. Y le decían: He aquí la obra de tu hijo. Enséñale a orar, y no a maldecir.

Los nazarenos se irritan contra José por las cosas que obra Jesús

V 1. Y, unos días después, yendo Jesús con José por

la ciudad, un niño corrió ante ellos, y, tropezando intencionadamente con Jesús, lo lastimó mucho en un costado. 2. Mas Jesús le dijo: No acabarás el camino que has comenzado a recorrer. 3. Y el niño cayó a tierra, y murió. 4. Y los que vieron tal milagro, exclamaron: ¿De dónde es este niño? 5. Y dijeron a José: No conviene que semejante niño esté entre nosotros. Aléjalo de aquí. 6. Mas si es preciso que tú estés entre nosotros, enséñale a orar, y no a maldecir, porque nuestros hijos han perdido la razón. 7. Y José llamó a Jesús y le dijo: ¿Por qué maldices? 8. He aquí que los habitantes de esta ciudad nos odian. 9. Mas Jesús dijo: Yo sé que a ti, y no a mí, afectan esos discursos. 10. Y me callaré por ti, mas que ellos vean lo que hacen, según su discreción. 11. Y todos los que hablaban contra Jesús, quedaron ciegos. 12. Y se fueron diciendo: Todas las palabras que salen de su boca tienen una potencia fatal. 13. Y viendo José lo que había hecho Jesús, se enfureció, y le agarró de una oreja. 14. Y Jesús se enojó, y dijo a José: Bástete mirarme, mas no me toques. 15. Tú no sabes quién soy. Y si lo supieras, no me contrariarías. Porque, aunque estoy aquí contigo, he sido creado antes que tú.

De cómo fue tratado Jesús por un maestro de escuela

VI 1. Y un hombre llamado Zaqueo escuchaba lo que Jesús decía a José. 2. Y lleno de admiración por Jesús, dijo: Nunca he visto un niño que hablase así. 3. Y se acercó a José y le dijo: Tienes un hijo muy inteligente. Envíamelo, para que le enseñe las letras. 4. Y luego que las sepa, yo lo instruiré con esmero, para que no permanezca en la ignorancia. 5. Y José contestó: Nadie puede enseñarle, sino Dios. ¿Crees que este niño es como los demás? 6. Y oyendo Jesús lo que Zaqueo hablaba a José, le dijo: Maestro, todas las palabras que salen de mi boca son verdaderas. 7. Y yo he sido el Señor antes que todos los hombres, y la gloria de los siglos me ha sido dada. Mas nada se os ha dado a vosotros. 8. Porque yo soy antes que los siglos, y sé cuál será el número de los años de tu vida, y que serás desterrado. 9. Y tú debes comprender lo que ha dicho mi padre, porque cuantas palabras salen de mi boca son verdaderas. 10. Y oyendo los judíos lo que decía Jesús, se maravillaban. 11. Y decían: Estamos escuchando de este niño discursos que no hemos oído nunca, y que no oiremos jamás de nadie. 12. Ni aun de los príncipes de los sacerdotes, ni de los doctores de la Ley, ni de los fariseos. 13. Y Jesús les contestó: ¿De qué os maravilláis? 14. Miráis como increíble lo que os he dicho, y he aquí que os he dicho la verdad. 15. Porque yo sé cuándo habéis nacido vosotros y vuestros padres, y os puedo decir cómo fue hecho el mundo, y conozco a quien me ha enviado a vosotros. 16. Y los judíos estaban tan asombrados que no acertaban a responder. 17. Y el niño, recogiéndose en sí mismo, se gozó, y dijo: Os he hablado en parábola, porque sé que sois débiles e ignorantes. 18. Y el maestro dijo a José: Tráemelo, para que le enseñe las letras. 19. Y José llevó a Jesús a la casa del maestro, donde había otros niños instruyéndose. 20. Y el maestro, hablándole con dulzura, se puso a enseñarle las letras. 21. Mas él escribió el primer versículo, que va desde A a T, y se puso a instruirlo. 22. Y el maestro pegó al niño en la cabeza, y el niño le dijo: Conviene que yo te instruya a ti, y no tú a mi. 23. Porque yo conozco las letras que quieres enseñarme, y sé que nada puede salir de ti, más que palabras, y no sabiduría. 24. Y comenzando el versículo, recitó desde A hasta F muy rápidamente. Y mirando al maestro dijo: Tú no sabes explicar lo que es A ni lo que es B. ¿Cómo quieres enseñar las otras letras? 25. Hipócrita, dime qué es A, y te diré que es B. Y queriendo aquel doctor explicar la A, no pudo dar ninguna respuesta. 26. Y Jesús dijo a Zaqueo. Escucha, doctor, y comprende la primera letra. 27. Nota que tiene dos trazos que se unen, se separan y engruesan, y que son el símbolo de la permanencia, de la dispersión y de la variedad. 28. Y viendo Zaqueo explicar así la primera letra, se asombró de que un niño tuviera ciencia tan profunda, y exclamó: ¡Malhaya yo! 29. Porque he traído sobre mí una gran vergüenza por causa de este niño, y estoy lleno de estupefacción. 30. Y dijo a José: Yo te ruego, hermano, que te lo lleves, pues no puedo mirarlo a la cara, ni escuchar sus discursos asombrosos. 31. Porque este niño puede dominar el fuego y encadenar la mar, por haber nacido antes que los siglos. 32. Y yo no sé qué vientre lo ha engendrado niqué pecho lo ha nutrido. 33. He aquí que quedo abatido en espíritu, porque seré objeto de irrisión. Yo lo creía discípulo, y resulta ser maestro. 34. Y no puedo sobrellevar mi oprobio porque soy viejo, y, sin embargo, nada hallo que responderle. 35. Y quiero caer enfermo, y dejar este mundo, o, a lo menos, abandonar esta ciudad, donde todos han visto mi afrenta de ser confundido por un niño. 36. ¿Qué podré ya decir a los otros? ¿Qué discursos haré, si él me ha vencido ya en la primera letra? 37. Estoy estupefacto, ¡oh amigos!, y no hallo ni el principio ni el fin de la contestación que habría de darle. 38. Y ahora, hermano José, llévate al niño a casa, porque es un maestro, y un Señor, o un ángel. 39. Y volviéndose Jesús a los judíos que estaban con Zaqueo, les dijo: Que los que no creían, crean, y que los que no comprendían, comprendan, y que los sordos oigan y que los muertos resuciten. 40. Y cuando hubo callado el niño Jesús, todos los que habían sido heridos por su palabra, curaron.

Jesús resucita a un niño

VII 1. Subiendo un día Jesús con unos niños a la azotea de una casa, se puso a jugar con ellos. 2. Y uno cayó al patio y murió. Y todos los niños huyeron, mas Jesús se quedó. 3. Y, habiendo llegado los padres del niño muerto, decían a Jesús: Tú eres quien lo has tirado. Y lo amenazaban. 4. Y Jesús, saliendo de la casa. se puso en pie ante el niño muerto, y le dijo en voz alta: Simón, Simón, levántate y di si yo te he hecho caer. 5. Y el niño se levantó, y dijo: No, Señor. Y viendo sus padres el gran milagro que había hecho Jesús, lo adoraron y glorificaron a Dios.

Jesús cura el pie de un niño

VIII 1. Y un niño partía madera, y se hirió un pie. 2. Y, sobreviniendo allí mucha gente, Jesús se acercó también al niño, y le tocó el pie, y curó. 3. Y díjole Jesús: Levántate, y parte tu leña, y acuérdate de mi. 4. Y la gente, al ver este milagro, adoró a Jesús, diciendo: Verdaderamente, creemos que es Dios.

Jesús lleva el agua en su ropa

IX 1. Y tenía Jesús seis años. Y su madre lo envió a buscar agua. 2. Y como llegase Jesús a la fuente, había mucha multitud, y se rompió su cántaro. 3. Y en la ropa que vestía, recogió agua y la llevó a María, su madre. 4. Y viendo ella el milagro que había hecho Jesús, lo abrazó, y dijo: Señor, óyeme, y salva a mi hijo.

Jesús siembra trigo

X 1. Y, al advenir la sementera, José fue a sembrar,

y Jesús iba con él. 2. Y cuando empezó a sembrar José, Jesús tomó un puñado de trigo, y lo esparció por el suelo. 3. Y llegado el tiempo de la siega, José fue a recolectar. 4. Y Jesús recogió las espigas del trigo que había sembrado, e hizo cien haces de buen grano, y lo repartió a los pobres, a las viudas y a los huérfanos.

Jesús iguala dos maderos desiguales

XI 1. Y Jesús cumplió la edad de ocho años. 2. Y José era carpintero, y hacía carretas y yugos para los bueyes. 3. Y un rico dijo a José: Maestro, hazme un lecho grande y hermoso. 4. Y José estaba afligido, porque uno de los maderos que iba a emplear era más corto que el otro. 5. Mas le dijo Jesús: No te aflijas. Toma el madero de un lado, yo lo tomaré del otro, y tiremos. 6. Y, haciéndolo así, el madero adquirió la longitud precisa. Y Jesús dijo a José: Trabaja. He ahí el madero que necesitabas. 7. Y, al ver José lo que había hecho Jesús, lo abrazó, diciendo: Bendito sea Dios, que me ha dado tal hijo.

Jesús es llevado a otro maestro para aprender las letras

XII 1. Y viendo José el poder de Jesús, y que crecía, pensó enviarlo a un maestro que le enseñase las letras, y lo llevó a un doctor. 2. Y este doctor dijo a José: ¿Qué letras quieres que aprenda tu hijo? 3. Y José le contestó: Enséñale primero las letras extranjeras y luego las hebreas. Porque estaba informado de que aquel doctor era muy sabio. 4. Y cuando el doctor escribió el primer versículo, que es A y B, se lo explicó a Jesús varias horas. 5. Mas Jesús callaba y nada respondía. 6. Y dijo luego al doctor: Si eres verdaderamente un maestro, y sabes las letras, dime la potencia de la letra A, y yo te diré la potencia de la letra B. 7. Mas el maestro, colérico, le pegó en la cabeza. Y Jesús, irritado, lo maldijo, y el maestro cayó al suelo, y murió. 8. Y Jesús volvió a su casa, mas José prohibió a María que lo dejase pasar el umbral.

Jesús es llevado por tercera vez a un maestro

XIII 1.Mas, transcurridos pocos días, vino un doctor, amigo de José. 2. Y dijo: Llévame el niño, y yo le enseñaré las letra tratándolo con mucha dulzura. 3. Y José contestó: Si puedes conseguirlo, instrúyelo. 4. Y recibiendo el doctor a Jesús, lo llevó con alegría. 5. Y llegado Jesús a la morada del doctor, encontró un libro en un rincón, y tomándolo, lo abrió. 6. Mas no leía lo que estaba escrito en él, sino que abría la boca y hablaba por inspiración del Espíritu Santo, y enseñaba la Ley. 7. Y todos los asistentes lo escuchaban atentos, y el maestro lo oía con placer, y le pidió que enseñase con más extensión. 8. Y mucha gente se reunió para escuchar los discursos que salían de su boca. 9.Mas José, sabiendo esto, se espantó. Y el maestro le dijo: Hermano, yo he recibido a tu hijo para instruiro. 10. Empero, he aquí que él está lleno de sabiduría. Llévalo a tu casa con gozo, porque la sabiduría que tiene es un don del Señor. 11. Y oyendo Jesús hablar así al maestro, se regocijó y dijo: Tú ahora, maestro, has dicho la verdad. 12. Y por ti, el que es muerto, debe resucitar. Y José lo llevó a casa.

Jesús cura a Jacobo de la mordedura de una víbora

XIV 1. José envió a Jacobo a recoger paja, y Jesús iba con él. 2. Y mientras Jacobo recogía la paja, una víbora lo mordió, y cayó al suelo como muerto. 3. Y viendo esto Jesús, sopló sobre la herida, y Jacobo quedó curado, y la víbora murió.

Jesús resucita a otro niño

XV 1. Y habiendo muerto el hijo de un vecino, su madre se entregó a un gran dolor 2. Y sabiéndolo Jesús, llegóse al cadáver del niño, y se inclinó sobre él, y sopló sobre su pecho. 3. Y le dijo: Niño, yo te ordeno no morir, sino vivir. 4. Y el niño resucitó. Y Jesús dijo a la madre: Toma a tu hijo, y dale de mamar, y acuérdate de mí. 5. Y viendo este milagro, decía la gente: En verdad, este niño es del cielo. 6. Porque ha librado varias vidas de la muerte, y cura a todos los que esperan en él. 7. Y los escribas y los fariseos se llegaron a María, y le preguntaron: ¿Eres tú la madre de este niño? Y ella dijo: En verdad que lo soy. 8. Y ellos le dijeron: Dichosa eres tú entre todas las mujeres. 9. Porque Dios ha bendecido el fruto de tu vientre, pues que te ha dado un hijo tan glorioso y dotado de una sabiduría como nunca hemos visto ni oído. 10. Y Jesús se levantó, y seguía a su madre. Y María conservaba en su corazón todos los milagros que había hecho entre el pueblo, curando a muchos que habían enfermado. 11. Y Jesús crecía en talla y en sapiencia, y todos los que lo veían, glorificaban a Dios, el Padre Todopoderoso, que bendito sea por los siglos de los siglos. Amén.

6
EVANGELIO ÁRABE DE LA INFANCIA

Palabras pronunciadas por Jesús en la cuna

I 1. Hemos encontrado estas palabras en el libro de Josefo, el Gran Sacerdote que existía en tiempo del Cristo, y que algunos han dicho que era Caifás.

2. El cual afirma que Jesús habló, estando en la cuna, y que dijo a su madre: Yo soy el Verbo, hijo de Dios, que tú has parido, como te lo había anunciado el ángel Gabriel, y mi Padre me ha enviado para salvar al mundo.

Viaje de María y de José a Bethlehem

II 1. El año 309 de Alejandro, ordenó Augusto que cada individuo fuese empadronado en su país. Y José se aprestó a ello, y, llevando consigo a María, su esposa, partió para Bethlehem, su aldea natal.

2. Y, mientras caminaban, José advirtió que el semblante de su esposa se ensombrecía por momentos, y que por momentos se iluminaba. E, intrigado, tomó la

palabra, y preguntó: ¿Qué tienes, María? Y ella respondió: Veo, oh José, alternar dos espectáculos sorprendentes. Veo al pueblo de Israel, que llora y se lamenta, y que, estando en la luz, semeja a un ciego, que no percibe el sol. Y veo al pueblo de los incircuncisos, que habitan en las tinieblas, y que una nueva claridad se levanta para ellos y sobre ellos, y que ellos se regocijan llenos de alegría, como el ciego cuyos ojos se abren para ver la luz.

3. Y José llegó a Bethlehem para instalarse en su aldea natal, con toda su familia. Y, cuando llegaron a una gruta próxima a Bethlehem, María dijo a José: He aquí que el tiempo de mi alumbramiento ha llegado, y que me es imposible ir hasta la aldea. Entremos, pues, en esta gruta. Y, en aquel momento, el sol se ponía. Y José partió de allí presuroso para traer a María una mujer que la asistiese. Y halló por acaso a una anciana de raza hebraica y originaria de Jerusalén, a quien dijo: Ven aquí, bendita mujer, y entra en esta gruta, donde hay una joven que está a punto de parir.

La partera de Jerusalén

III 1. Y la anciana, acompañada de José, llegó a la caverna, cuando el sol se había puesto ya. Y penetraron en la caverna, y vieron que todo faltaba allí, pero que el recinto estaba alumbrado por luces más bellas que las de todos los candelabros y las de todas las lámparas, y más intensas que la claridad del sol. Y el niño, a quien María había envuelto en pañales, mamaba la leche de su madre. Y, cuando ésta acabó de darle le pecho, lo depositó en el pesebre que en la caverna había.

2. Y la anciana dijo a Santa María: ¿Eres la madre de este recién nacido? Y Santa María dijo: Sí. Y la anciana dijo: No te pareces a (las demás) hijas de Eva. Y

Santa María dijo: Como mi hijo es incomparable entre los niños, así su madre es incomparable entre las mujeres... Y la anciana respondió en estos términos: Oh, señora, yo vine sin segunda intención, para obtener una recompensa. Nuestra Señora Santa María le dijo: Pon tu mano sobre el niño. Y ella la puso, y al punto quedó curada. Y salió diciendo: Seré la esclava y la sierva de este niño durante todos los días de mi vida.

Adoración de los pastores

IV 1. Y, en aquel momento, llegaron unos pastores, y encendieron una gran hoguera, y se entregaron a ruidosas manifestaciones de alegría. Y aparecieron unas legiones angélicas, que empezaron a alabar a Dios. Y los pastores también lo glorificaron.

2. Y, en aquel momento, la gruta parecía un templo sublime, porque las voces celestes y terrestres a coro celebraban y magnificaban el nacimiento de Nuestro Señor Jesucristo. Cuanto a la anciana israelita, al ver tamaños milagros, dio gracias a Dios, diciendo: Yo te agradezco, oh Dios de Israel, que mis ojos hayan visto el nacimiento del Salvador del mundo.

Circuncisión

V 1. Y, cuando fueron cumplidos los días de la circuncisión, es decir, al octavo día, la ley obligaba a circuncidar al niño. Se lo circuncidó en la caverna, y la anciana israelita tomó el trozo de piel (otros dicen que tomó el cordón umbilical), y lo puso en una redomita de aceite de nardo viejo. Y tenía un hijo perfumista, a quien se la entregó, diciéndole: Guárdate de vender esta redomita de nardo perfumado, aunque te ofrecieran trescientos denarios por ella. Y aquella redomita fue la que María la pecadora compró y con cuyo nardo espique ungió la cabeza de Nuestro Señor Jesucristo y sus pies, que enjugó en seguida con los cabellos de su propia cabeza.

2. Y, habiendo transcurrido diez días, llevaron al niño a Jerusalén. Y, cuarenta días después de su nacimiento, un sábado, lo condujeron al templo a presencia del Señor, y ofrecieron, para rescatarlo, los sacrificios previstos por la ley de Moisés, a quien Dios dijo: Todo primogénito varón me será consagrado.

Presentación de Jesús en el templo

VI 1. Y, cuando María franqueó la puerta del atrio del templo, el viejo Simeón vio, con ojos del Espíritu Santo, que aquella mujer parecía una columna de luz, y que llevaba en brazos un niño prodigioso. Y, semejantes a la guardia de honor que rodea a un rey, los ángeles rodearon en círculo al niño, y lo glorificaron. Y Simeón se dirigió, presuroso, hacia Santa María, y, extendiendo los brazos hacia ella, le dijo: Dame el niño. Y tomándolo en sus brazos, exclamó: Ahora, Señor, despide a tu siervo en paz, conforme a tu palabra. Porque mis ojos han visto la obra de tu clemencia, que has preparado para la salvación de todas las razas, para servir de luz a todas las naciones, y para la gloria de tu pueblo, Israel.

2. Y Ana la profetisa fue testigo de este espectáculo, y se acercó para dar gracias a Dios, y para proclamar bienaventurada a Santa María.

Llegada de los magos

VII 1. Y la noche misma en que el Señor Jesús nació en Bethlehem de Judea, en la época del rey Herodes, un ángel guardián fue enviado a Persia. Y apareció a las gentes del país bajo la forma de una estrella muy brillante, que iluminaba toda la tierra de los persas. Y, como el 25 del primer kanun (fiesta de la Natividad del Cristo) había gran fiesta entre todos los persas, adoradores del fuego y de las estrellas, todos los magos, en pomposo aparato, celebraban magníficamente su solemnidad, cuando de súbito una luz vivísima brilló sobre sus cabezas. Y, dejando sus reyes, sus festines, todas sus diversiones y abandonando sus moradas, salieron a gozar del espectáculo insólito. Y vieron que una estrella ardiente se había levantado sobre Persia, y que, por su claridad, se parecía a un gran sol. Y los reyes dijeron a los sacerdotes en su lengua: ¿Qué es este signo que observamos? Y, como por adivinación, contestaron, sin quererlo: Ha nacido el rey de los reyes, el dios de los dioses, la luz emanada de la luz. Y he aquí que uno de los dioses ha venido a anunciarnos su nacimiento, para que vayamos a ofrecerle presentes, y a adorarlo. Ante cuya revelación, todos, jefes, magistrados, capitanes, se levantaron, y preguntaron a sus sacerdotes: ¿Qué presentes conviene que le llevemos? Y los sacerdotes contestaron: Oro, incienso y mirra. Entonces tres reyes, hijos de los reyes de Persia, tomaron, como por una disposición misteriosa, uno tres libras de oro, otro tres libras de incienso y el tercero tres libras de mirra. Y se revistieron de sus ornamentos preciosos, poniéndose la tiara en la cabeza, y portando su tesoro en las manos. Y, al primer canto del gallo, abandonaron su país, con nueve hombres que los acompañaban, y se pusieron en marcha, guiados por la estrella que les había aparecido. Y el ángel que había arrebatado de Jerusalén al profeta Habacuc, y que había suministrado alimento a Daniel, recluido en la cueva de los leones, en Babilonia, aquel mismo ángel, por la virtud del Espíritu Santo, condujo a los reyes de Persia a Jerusalén, según que Zoroastro lo había predicho. Partidos de Persia al primer canto del gallo, llegaron a Jerusalén al rayar el día, e interrogaron a las gentes de la ciudad, diciendo: ¿Dónde ha nacido el rey que venimos a visitar? Y, a esta pregunta, los habitantes de Jerusalén se agitaron, temerosos, y respondieron que el rey de Judea era Herodes.

2. Sabedor del caso, Herodes mandé a buscar a los reyes de Persia, y, habiéndolos hecho comparecer ante él, les preguntó: ¿Quiénes sois? ¿De dónde venís? ¿Qué buscáis? Y ellos respondieron: Somos hijos de los reyes de Persia, venimos de nuestra nación, y buscamos al rey que ha nacido en Judea, en el país de Jerusalén. Uno de los dioses nos ha informado del nacimiento de ese rey, para que acudiésemos a presentarle nuestras ofrendas y nuestra adoración. Y se apoderó el miedo de Herodes y de su corte, al ver a aquellos hijos de los reyes de Persia, con la tiara en la cabeza y con su tesoro en las manos, en busca del rey nacido en Judea. Muy particularmente se alarmó Herodes, porque los persas no reconocían su autoridad. Y se dijo: El que, al nacer, ha sometido a los persas a la ley del tributo, con mayor razón nos someterá a nosotros. Y, dirigiéndose a los reyes, expuso: Grande es, sin duda, el poder del rey que os ha obligado a llegar hasta aquí a rendirle homenaje. En verdad, es un rey, el rey de los reyes. Id, enteraos de dónde se halla, y, cuando lo hayáis encontrado, venid a hacérmelo saber, para que yo también vaya a adorarlo. Pero Herodes, habiendo formado en su corazón el perverso designio de matar al niño, todavía de poca edad, y a los reyes con él, se dijo: Después de eso, me quedará sometida toda la creación.

3. Y los magos abandonaron la audiencia de Herodes, y vieron la estrella, que iba delante de ellos, y que se detuvo por encima de la caverna en que naciera el niño Jesús. En seguida cambiando de forma, la estrella se tornó semejante a una columna de fuego y de luz, que iba de la tierra al cielo. Y penetraron en la caverna, donde encontraron a María, a José y al niño envuelto en pañales y recostado en el pesebre. Y, ofreciéndole sus presentes, lo adoraron. Luego saludaron a sus padres, los cuales estaban estupefactos, contemplando a aquellos tres hijos de reyes, con la tiara en la cabeza y arrodillados en adoración ante el recién nacido, sin plantear ninguna cuestión a su respecto. Y María y José les preguntaron: ¿De dónde sois? Y ellos les contestaron: Somos de Persia. Y María y José insistieron: ¿Cuándo habéis salido de allí? Y ellos dijeron:

Ayer tarde había fiesta en nuestra nación. Y, después del festín, uno de nuestros dioses nos advirtió: Levantaos, e id a presentar vuestras ofrendas al rey que ha nacido en Judea. Y, partidos de Persia al primer canto del gallo, hemos llegado hoy a vosotros, a la hora tercera del día.

4. Y María, agarrando uno de los pañales de Jesús, se lo dio a manera de eulogio. Y ellos lo recibieron de sus manos de muy buen grado, aceptándolo, con fe, como un presente valiosísimo. Y, cuando llegó la noche del quinto día de la semana posterior a la natividad, el ángel que les había servido antes de guía, se les presentó de nuevo bajo forma de estrella. Y lo siguieron, conducidos por su luz, hasta su llegada a su país.

Vuelta de los magos a su tierra

VIII 1. Los magos llegaron a su país a la hora de

comer. Y Persia entera se regocijó, y se maravilló de su vuelta.

2. Y, al crepúsculo matutino del día siguiente, los reyes y los jefes se reunieron alrededor de los magos, y les dijeron: ¿Cómo os ha ido en vuestro viaje y en vuestro retorno? ¿Qué habéis visto, qué habéis hecho, qué nuevas nos traéis? ¿Y a quién habéis rendido homenaje? Y ellos les mostraron el pañal que les había dado María. A cuyo propósito celebraron una fiesta, a uso de los magos, encendiendo un gran fuego, y adorándolo. Y arrojaron a él el pañal, que se tomé en apariencia fuego. Pero, cuando éste se hubo extinguido, sacaron de él el pañal, y vieron que se conservaba intacto, blanco como la nieve y más sólido que antes, como si el fuego no lo hubiera tocado. Y, tomándolo, lo miraron bien, lo besaron, y dijeron: He aquí un gran prodigio, sin duda alguna. Este pañal es el vestido del dios de los dioses, puesto que el fuego de los dioses no ha podido consumirlo, ni deteriorarlo siquiera. Y lo guardaron preciosamente consigo, con fe ardiente y con veneración profunda.

Cólera de Herodes. La huida a Egipto

IX 1. Cuando Herodes vio que había sido burlado por los magos, y que éstos no volvían, convocó a los sacerdotes y a los sabios, y les preguntó: ¿Dónde nacerá el Mesías? Ellos le respondieron: En Bethlehem de Judá. Y él se puso a pensar en el medio de matar a Nuestro Señor Jesucristo.

2. Entonces el ángel de Dios apareció en sueños a José, y le dijo: Levántate, toma al niño y a su madre, y parte para la tierra de Egipto. Se levantó, pues, al canto del gallo, y se puso en camino.

Llegada de la Sagrada Familia a Egipto. Caída de los ídolos

X 1. Y, mientras pensaba entre sí cómo realizaría su viaje, sobrevino la aurora, y se encontró haber recorrido la mitad del camino. Y, al despuntar el día, estaba próximo a una gran aldea, donde, entre los demás ídolos y divinidades de los egipcios, había un ídolo en el cual residía un espíritu rebelde, y los egipcios le hacían sacrificios, le presentaban ofrendas, y le consagraban libaciones. Y había también un sacerdote, que habitaba cerca del ídolo, para servirlo, y a quien el demonio hablaba desde dentro de la estatua. Y, cada vez que los egipcios querían interrogar a sus dioses por ministerio de aquel ídolo, se dirigían al sacerdote., quien daba la respuesta, y transmitía el oráculo divino al pueblo de Egipto y a sus diferentes provincias. Este sacerdote tenía un hijo de treinta años, que estaba poseído por varios demonios, y que peroraba sobre todo género de cosas. Cuando los demonios se apoderaban de él, rasgaba sus vestiduras, se mostraba desnudo a todos, y acometía a la gente a pedradas. Y, en la aldea, había un asilo, puesto bajo la advocación de dicho ídolo.

2. Y, cuando Jesús, María y José llegaron a la aldea, y se acercaron al asilo, se apoderó de los habitantes del país un terror extremo. Y se produjo un temblor en el asilo y una sacudida en toda la tierra de Egipto, y todos los ídolos cayeron de sus pedestales, y se rompieron. Todos los grandes de Egipto y todos los sacerdotes de los ídolos se congregaron junto al sacerdote del ídolo en cuestión, y le preguntaron: ¿Qué significan este trastorno y este terremoto que se han producido en nuestro país? Y el sacerdote les respondió, diciendo: Presente está aquí un dios invisible y misterioso, que posee,

oculto en él, un hijo semejante a sí mismo, y el paso de este hijo ha estremecido nuestro suelo. A su llegada, la tierra ha temblado ante su poder y ante el aparato terrible de su majestad gloriosa. Temamos, pues, en extremo, la violencia de su ataque. En este momento, el ídolo de la aldea se abatió también al suelo, hecho añicos, y su desplome hizo reunirse a todos los egipcios cerca del célebre sacerdote, el cual les dijo: Debemos adoptar el culto de este dios invisible y misterioso. Él es el Dios verdadero, y no hay otro a quien servir, porque es realmente el hijo del Altísimo.

Curación del hijo del sacerdote idólatra

XI 1. Y el hijo del sacerdote fue acometido de su accidente habitual. Y entró en el asilo en que Santa María y José se encontraban, y a quienes todo el mundo había abandonado, huyendo. Y nuestra Señora Santa María acababa de lavar los pañales de Nuestro Señor Jesucristo, y los había puesto sobre la pared del muro. Y el joven poseído sobrevino, y agarró uno de los pañales, y lo puso sobre su cabeza. Y, en el mismo instante, los demonios, bajo forma de cuervos y de serpientes, comenzaron a salir y a escapar de su boca. Y el poseído quedó curado por orden de Nuestro Señor Jesucristo. Y empezó a alabar y a dar gracias a Dios, que le había devuelto la salud.

2. Y, como su padre lo hubo encontrado libre de su enfermedad, le preguntó: ¿Qué te ha ocurrido, hijo mío, y cómo es que has sanado? Y él le contestó: Cuando el demonio se apoderó por enésima vez de mi persona, fui al asilo. Y allí encontré a una noble mujer, con un niño. Acababa ésta de lavar los pañales de su hijo, y de depositarlos en la pared del muro. Tomé uno de ellos, lo

puse sobre mi cabeza, y los demonios me abandonaron, y huyeron despavoridos. Y su padre, transportado de júbilo, le advirtió: Hijo mío, es posible que ese pequeñuelo sea el hijo del Dios vivo, que ha creado los cielos y la tierra. Porque, en el momento en que ese hijo de Dios se introdujo en Egipto, todas nuestras divinidades han sido desplomadas y aniquiladas por la fuerza de su poder.

Temores de María y de José

XII 1. Y se cumplió la profecía que decía: De Egipto llamé a mi hijo.

2. Y, como María y José supiesen la caída y el aniquilamiento del ídolo, fueron presa de temor y de espanto, y se dijeron: Cuando estábamos en tierra de Israel, Herodes proyectaba matar a Jesús, y, por su causa, mató a todos los niños pequeños de Bethlehem y de sus alrededores. No hay duda sino que los egipcios, al enterarse de por qué accidente se rompió ese ídolo, nos entregarán a las llamas.

3. Y, en efecto, el rumor llegó hasta el Faraón, el cual mandó buscar al niño, pero no lo encontró. Y ordenó que todos los habitantes de su ciudad, cada uno de por sí, se pusiesen en campaña para proceder a la búsqueda, hallazgo y captura del niño. Y, cuando Nuestro Señor se acercó a la puerta de la ciudad, dos autómatas, que estaban fijados a cada lado de la puerta, se pusieron a gritar: ¡He aquí el rey de los reyes, el hijo del Dios invisible y misterioso! Y el Faraón procuró matarlo. Pero Lázaro salió fiador por él, y María y José se escaparon, y partieron de allí.

Liberación de viajeros capturados por bandidos

XIII 1. Y, después que de allí partieron, llegaron a un paraje, donde se hallaban unos bandidos, que habían robado a una caravana de viajeros, los habían despojado de sus vestiduras, y los habían atado. Y aquellos bandidos oyeron un tumulto inmenso, semejante al causado por un rey poderoso, que saliese de su capital, acompañado de caballeros, de soldados, de tambores y de clarines. Y los bandidos, acometidos de miedo y de pavor, abandonaron todo aquello de que se habían apoderado.

2. Entonces los secuestrados se levantaron, se desataron mutuamente las ligaduras, recobraron su caudal, y se marcharon. Y, viendo aproximarse a María y a José, les dijeron: ¿Dónde está el rey y señor, cuyo tren brillante y tumultuoso oyeron acercarse los bandidos, y a consecuencia de lo cual nos abandonaron, y nos dejaron libres? Y José repuso: El va a llegar sobre nuestros pasos.

Curación de una poseída

XIV 1. Y alcanzaron otra aldea, donde había una pobre mujer poseída, la cual, habiendo salido de su casa por la noche en busca de agua, vio al Maligno bajo la figura de un joven. Y puso la mano sobre él, para agarrarlo, no pudo ni aun tocarlo. Y el rebelde maldito había entrado en el cuerpo de la mujer, estableciéndose así, y manteniéndola en el estado de naturaleza, como en el día de su nacimiento.

2. Y la poseída no podía soportar sobre sí vestido alguno, ni residir en los lugares habitados. Cuantas veces se la sujetaba con cadenas o con trabas, otras tantas las rompía, y se escapaba desnuda al desierto. Y

se colocaba en las encrucijadas de los caminos y en las tumbas, y tiraba piedras sobre cuantos pasaban, causando mucho enojo a las gentes de la localidad, las cuales deseaban su muerte, y su familia estaba también muy afligida.

3. Cuando María y José entraron en aquella aldea, vieron a la infeliz, sentada, desnuda y ocupada en reunir piedras. Y María tuvo piedad de su estado, y, tomando uno de los pañales de Jesús, lo echó sobre ella. Y, en el mismo instante, el demonio la abandonó precipitadamente bajo la figura de un joven, maldiciendo y gritando: ¡Malhaya yo, a causa tuya, María, y de tu hijo! Y aquella mujer quedó libre de su azote. Vuelta en sí, confusa de su desnudez, y evitando las gentes, se cubrió con el pañal de Jesús, corrió a su casa, se vistió, e hizo a los suyos un relato detallado del hecho. Y los suyos, que eran los personajes más importantes de la aldea, dieron hospitalidad a María y a José, con magnificencia generosa.

Curación de una joven muda

XV 1. Al día siguiente, María y José se despidieron de sus huéspedes, bien provistos por éstos de vituallas para el camino. Y, por la tarde de aquel día, al ponerse el sol, entraron en otra aldea, donde se celebraban unas nupcias. Y vieron una multitud de gentes reunidas, y, en medio de ellas, una desposada herida de mutismo por la astucia del demonio y la acción de encantadores perversos. Paralizados sus oídos y su lengua, la desposada no habla vuelto a recobrar el uso de la palabra.

2. Cuando María entró en la aldea, llevando en sus brazos a su hijo, la joven muda, que la vio, tomó a Jesús, lo besó, y lo apretó contra su pecho. Y un efluvio del cuerpo del niño se exhaló sobre ella, cuyos oídos se

abrieron, y cuya lengua se movió, para agradecer a Dios, con alabanzas, la recuperación de su salud. Y aquella noche hubo gran alegría entre los habitantes de la aldea, que creyeron que Dios y sus ángeles hablan descendido hasta ellos.

Curación de otra poseída

XVI 1. Tres días permanecieron alli María y José, rodeados de honores y suntuosamente tratados por los novios y por las familias de éstos. Y se separaron de sus huéspedes, bien provistos por ellos de cosas útiles para el viaje, y llegaron a otra aldea, donde contaban pasar la noche, por hallarse poblada por numerosos y distinguidos habitantes. En aquella aldea, vivía una mujer de fama muy honrosa. Un día, había ido al río a lavar sus vestidos. Y, en tanto que hacía su colada, vio que no comparecía nadie por los alrededores, se despojó de su traje, y empezó a bañarse. Y el Maligno, bajo forma de serpiente, la asaltó, enlazó su cintura, se enroscó alrededor de su vientre, y todos los días, a la caída de la noche, se extendía sobre ella.

2. Cuando María se le acercó, al ver el niño que ésta llevaba en sus brazos, corrió a su encuentro, y le dijo: Oh, señora, dame a este niño, para que lo alce, y lo abrace. María se lo dio. Y, tan pronto el niño estuvo en sus brazos, el demonio respiré los espíritus de Jesús, y, bajo las miradas de todos, la serpiente huyó, y la poseía no la vio más. Y todos los asistentes alabaron al Altísimo, y aquella mujer trató espléndidamente a María y a José.

Curación de una leprosa

XVII 1. Cuando la mañana vino, la mujer vertió

agua perfumada, para bañar en ella al niño Jesús. Y, después de haberlo lavado, conservé el agua del baño. Y había allí una joven, cuyo cuerpo estaba blanco de lepra. Y, como hubiese sido testigo de la curación de aquella mujer, quiso, con fe, tomar el agua que había servido para lavar a Jesús. Y, vertiendo sobre su cuerpo un poco de aquel agua, quedó purificada de su lepra. Y todos los habitantes de la aldea exclamaron: Indudablemente, María, José y el niño son dioses, y no hombres.

2. Y, en el momento en que María y José se disponían a abandonar la casa, la joven que había sido leprosa, se arrodilló ante ellos, y les dijo: Os padres y señores míos, que me otorguéis ser vuestra hija y vuestra sierva, y acompañaros, porque no tengo padre, ni madre.

Curación de un niño leproso

XVIII 1. Y ellos consintieron, y la joven partió en su compañía. Y llegaron a una aldea, en cuyos contérminos estaba enclavado un castillo perteneciente a un jefe ilustre, y que tenía un pabellón exterior, destinado a recibir a los huéspedes. En él entraron María y José, y la joven pasó a ver a la esposa del señor. Y, como la encontrase lacrimosa y entristecida, le preguntó: ¿Por qué lloras? Y ella repuso: No te extrañen mis lágrimas, porque sufro un gran dolor, que a nadie puedo revelar. Mas la joven le dijo: Si me lo indicas, y me lo descubres, quizá le encuentre yo un remedio.

2. La mujer del jefe le dijo: Guarda bien este secreto, y no lo manifiestes a nadie. Estoy casada con este jefe, cuyo poder se extiende sobre un vasto territorio. Con él he vivido mucho tiempo, sin darle hijos, y, cuando, al fin, tuve uno, éste nació leproso. Y, así que él lo vio, se negó a reconocerlo, y me dijo: O lo matas,

o lo entregas a una nodriza de un país lejano, para que nunca más sepa de él. Donde no, rompo toda relación contigo, y en la vida volveré a verte. No sé qué partido tomar, y mi disgusto es infinito. ¡Ah, hijo mío! ¡Ah, esposo mío! Mas la joven repuso: He encontrado a tu mal un remedio, que voy a exponerte. Porque yo también soy leprosa, y me vi purificada por Dios, que no es otro que Jesús, el hijo de Maria. La mujer le dijo: ¿Dónde está ese Dios, de que acabas de hablarme? La joven dijo: Está aquí, en tu casa. Ella dijo: ¿Cómo? ¿Aquí se encuentra? La joven dijo: Aquí se hallan María y su esposo José, y ese niño que viaja con ellos, es el que se llama Jesús, y el que me ha curado de mi mal y de mi tormento. La otra le dijo: ¿Puedo saber cómo te ha curado de tu lepra? Ella le dijo: Con mucho gusto te complaceré. La madre del niño me dio el agua que había servido para bañarlo, agua que eché sobre mi cuerpo, y que purificó mi lepra.

3. Entonces la esposa del jefe se levantó, y rogó a María y a José, con todo encarecimiento, que fuesen huéspedes suyos. E invitó a José a un gran festín, al cual fueron convidados buen golpe de hombres. Y, al día siguiente, a punto de amanecer, se levantó, y tomó agua perfumada, para bañar en ella a Jesús. Y, tomando a su hijo, lo bañó en el agua que acababa de emplear, e, instantáneamente, el niño quedó purificado de su lepra. Y ella glorificó a Dios, diciéndole: ¡Dichosa tu madre, oh Jesús! ¿Cómo, con el agua en que te has bañado, purificas de la lepra a los hombres, que son de la misma raza que tú? E hizo a María presentes magníficos, y la despidió con los mayores honores.

El joven esposo librado de un sortilegio

XIX 1. De allí se dirigieron a otra aldea, en la que

quisieron pasar la noche. Y entraron en el hogar de un recién casado, a quien un maleficio tenía alejado de su espcsa. Y, apenas se hubieron albergado en la casa aquella noche, cesó el maleficio.

2. Y, llegada la mañana, decidieron partir. Pero el recién casado los detuvo, y les ofreció un festín espléndido.

El joven convertido en mulo

XX 1. Al día siguiente, se pusieron en camino. Y, al acercarse a otra aldea, vieron a tres mujeres que volvían a pie del cementerio, llorando. Y María dijo a la joven que los acompañaba: Pregúntales qué les ha ocurrido, y qué mal aflige su alma. La joven les transmitió la pregunta, y ellas, sin responderle, dijeron: ¿De dónde sois, y adónde vais? Porque el día ha transcurrido, y la noche ha llegado. La joven repuso: Somos viajeros, y buscamos un asilo donde pasar la noche. Y las mujeres le dijeron: Venid con nosotras, y pasaréis la noche en nuestra casa.

2. Y, habiéndolas acompañado, vieron que poseían una casa nueva, bien adornada y ricamente amueblada, en la cual los introdujeron. Y era invierno, y entonces la joven entró también, y vio a las mujeres gimiendo y llorando. Cerca de ellas había un mulo abierto de una funda de brocado, y ante el que se había colocado sésamo. Y lo abrazaron, y le dieron de comer. La joven les preguntó: Mis señoras, ¿qué hace aquí este mulo?. Y ellas, deshechas en lágrimas, le respondieron: Este mulo que ves ha sido nuestro hermano, hijo de nuestra madre, que está presente. Nuestro padre nos ha dejado una gran fortuna. No teníamos más hermano que éste, y pensábamos encontrarle una mujer, y casarlo según las leyes de la humanidad. Empero algunas perversas mu-

jeres dadas a la hechiceda, lanzaron sobre él un sortilegio.

3. Y ello ocurrió una noche, poco antes de amanecer, mientras dormíamos, y mientras las puertas de nuestro corazón y de nuestra casa estaban cerradas. Cuando la mañana vino, miramos y reconocimos que nuestro hermano no estaba cerca de nosotras. Se había metamorfoseado en este mulo, que sabemos es él. Y, como no tenemos ya padre que nos consuele en tan acerbo disgusto, nos hallamos en la aflicción de que eres testigo. No hay sabio, mago o encantador, que no hayamos consultado. Pero esto de nada nos ha servido. Y, cuantas veces el corazón nos oprime con más fuerza que otras, vamos con nuestra madre a florar sobre la tumba de nuestro padre, y después volvemos.

El mulo transformado en hombre

XXI 1. Al oír el relato de aquellas mujeres, la joven les dijo: Consolaos, y no lloréis. El remedio a vuestro mal está próximo, puesto que está bien cerca de vuestra misma casa. Porque yo misma en persona he sido leprosa. Pero, habiendo visto a una mujer llamada María con su pequeñuelo, llamado Jesús, un día que su madre acababa de bañarlo, tomé agua de su baño, la derramé sobre mi cuerpo, y quedé curada. Sé, por consiguiente, que posee el poder de remediar vuestro mal. Levantaos, pues, id al encuentro de Nuestra Señora Santa María, traedla a vuestra casa, descubridle vuestro secreto, y suplicadle que tenga piedad de vosotras.

2. Cuando las mujeres hubieron escuchado el discurso de la joven, salieron presurosas al encuentro de Nuestra Señora Santa María, la llevaron a su casa, y, arrodilladas en su presencia, le dijeron, llorando: ¡Oh Nuestra Señora Santa María, compadécete de tus sier-

vas! No tenemos ningún pariente de edad, ni jefe de familia, ni padre, ni hermano, que nos proteja. Este mulo que ves, es nuestro hermano, y no un animal. Malvadas brujas lo han reducido con sus maleficios al estado en que hoy se encuentra. Te rogamos que tengas compasión de nosotras. Y Nuestra Señora Santa María, conmovida ante su desgracia, tomó a Jesús, y lo puso sobre el lomo del mulo. Ella lloraba, y las mujeres también. Y María dijo: Jesús, hijo mío, haz que la poderosa virtud oculta en ti obre sobre este mulo, y le devuelva la naturaleza humana que tenía otrora.

3. Y, en el mismo instante, el mulo cambió de forma, recobró su figura prístina, y se convirtió en el joven exento de toda enfermedad, que antes era. Entonces él, su madre y sus hermanas, se prosternaron ante María, pusieron el niño sobre sus cabezas, y lo abrazaron, diciendo: ¡Dichosa tu madre, oh Jesús, salvador del mundo! ¡Bienaventurados los ojos que han alcanzado el favor de mirarte!

Unión de dos jóvenes curados por Jesús

XXII 1. Y las dos hermanas dijeron a su madre: He aquí que nuestro hermano ha vuelto al estado normal, por el socorro de Jesús, y gracias a esta joven que nos ha hecho conocer a María y a su hijo. Ahora bien: nuestro hermano no está casado, y el mejor partido que podemos tomar con él es unirlo a esta joven, que está al servicio de esta familia. E interrogaron a María sobre el asunto, y ella accedió a su demanda. Y celebráronse con magnificencia las bodas de la joven, y la alegría de las tres mujeres ocupó el lugar de su anterior angustia. Y convirtieron sus lamentaciones en cánticos de fiesta. Y dijeron, gozosas: Jesús, el hijo de María, ha transformado el duelo en júbilo.

2. María y José permanecieron allí diez días. Y después se alejaron, colmados de testimonios de respeto y de veneración por aquellas personas, que los despidieron con pesar, y que, tras los adioses, volvieron a su casa deshechas en lágrimas, sobre todo la joven.

Los dos bandidos

XXIII 1. Partidos de allí, llegaron a una tierra desierta, y oyeron decir que no era segura, porque había en ella bandidos. Sin embargo, María y José se decidieron a atravesar aquel país durante la noche. Y, mientras marchaban, advirtieron que, al borde del camino, comparecían dos bandidos, apostados y destacados por sus compañeros, que dormían un poco más allá, para guardar el camino. Estos dos bandidos que acababan de encontrar se llamaban Tito y Dumaco. Y el primero dijo al segundo: Déjales el camino libre, para que pasen, y que nuestros compañeros no lo noten. Dumaco no consintió en ello. Entonces Tito le dijo: Te daré mi parte de cuarenta dracmas si me complaces. Y le presentó su cinturón como garantía, para decidirlo a callarse.

2. Y, cuando María vio la noble conducta de aquel bandido hacia ellos, le dijo: El Señor Dios te protegerá con su diestra, y te concederá el perdón de tus pecados. Y Jesús tomó la palabra, y dijo a María: ¡Oh madre mía, dentro de treinta años, los judíos me crucificarán en la ciudad de Jerusalén, y, conmigo, crucificarán a estos dos bandidos, Tito a mi derecha, y Dumaco a mi izquierda! Y, en el día aquel, Tito me precederá en el paraíso. Y María repuso: ¡Esto os sea recompensado, hijo mío!

3. De allí se dirigieron a la ciudad de los ídolos. Y,

cuando se aproximaron a ella, la ciudad fue víctima de un terremoto y convertida en colinas de arena.

La Sagrada Familia en Matarieh

XXIV 1. De allí se dirigieron al sicómoro que se llama hoy día Matarieh.
2. Y, en Matarieh, el Señor Jesús hizo brotar una fuente, en que Santa Maria le lavó su túnica. Y el sudor del Señor Jesús, que ella escurrió en aquel lugar, hizo nacer allí bálsamo.

La Sagrada Familia en Misr

XXV 1. De allí pasaron a Misr. Y vieron al Faraón, y habitaron en el país de Misr durante tres años.
2. Y el Señor Jesús realizó, en el país de Misr, numerosos milagros, que no figuran en los Evangelios de la infancia, ni en los Evangelios completos.

Regreso a Nazareth

XXVI 1. Al cabo de tres años, volvieron a Misr. Y, cuando ganaron la tierra de Judea, José temía pasar adelante, por haber sabido que Herodes había muerto, y que su hijo Arquelao lo había sucedido como rey del país. Entonces el ángel del Señor le apareció, y le dijo: José, vete a la villa de Nazareth, y permanece allí.
2. ¡Oh sorprendente milagro, que haya sido llevado y paseado a través de los países, como quien no tiene morada, ni albergue, el dueño de todos los países y el pacificador de los mundos y de las criaturas!

Epidemia en Bethlehem. Curación de un niño

XXVII 1. Y, cuando entraron en la villa de Bethlehem, había allí numerosos casos de una enfermedad grave, que atacaba a los niños en los ojos, y de la que morían.

2. Y una mujer, que tenía un hijo enfermo y próximo ya a la muerte, lo llevó a Santa María, a quien vio ocupada en bañar a Jesús, y a quien dijo: ¡Oh María, mi señora, mira cuán cruelmente sufre este fruto de mis entrañas! ¿No tendrá el Señor misericordia de él?

3. Y, una vez hubo María retirada a Jesús del agua en que lo había lavado, respondió a la mujer en estos términos: Toma un poco de este agua en que acabo de bañar a mi hijo, y échala sobre el tuyo. Y la mujer lo hizo así, y lavó con aquella agua a su hijo, que cesó de agitarse, y lo envolvió en su vestidito, y lo adormeció. Y el niño se despertó en plena y perfecta salud. Y aquella mujer glorificó a Dios y a Jesús, y, llena de júbilo, llevó a su hijo a la Virgen, que le dijo: Da gracias al Señor, que te ha curado este niño.

Curación de otro niño

XXVIII 1. Y había allí otra mujer, vecina de aquella cuyo hijo había sido curado, y que tenía también un hijo atacado de la misma enfermedad. Sus ojos habían dejado de ver, y, con vivo dolor y sin interrupción alguna, gritaba de noche y día. Y la madre del niño curado dijo a la otra: ¿Por qué no lo llevas a casa de María, como yo llevé al mío, que estaba muy enfermo, y más cerca de la muerte que de la vida? En casa de María, tomé agua de las abluciones de su hijo Jesús, lavé con ella al mío, lo adormecí, y, después del sueño, despertó curado. Helo aquí: míralo.

2. La vecina que tal oyó, marchó asimismo a casa de María, y con fe tomó el agua, lavó con ella a su hijo, y pronto cesaron los vivos dolores que sentía, y se durmió, quedando como un muerto, porque hacía muchísimos días que no dormía. Al despertar, se levantó sano, y sus ojos habían recobrado la vista. La madre, henchida de gozo, alabó al Señor, tomó a su hijo, y lo llevó a María, a quien descubrió todo lo que acababa de suceder. Y María le dijo: Da gracias a Dios, por haberlo restablecido, y no hables de este caso a nadie.

Curación de Cleopas. Rivalidad de dos madres

XXIX 1. Y había también, en aquel lugar, dos mujeres casadas con un mismo hombre. Cada una de ellas tenía un hijo, y los dos niños sufrían mucho. Y una de aquellas dos mujeres se llamaba María, y su hijo Cleopas. Y, tomando a su hijo, fue a casa de la madre de Jesús, y le regaló un hermoso velo, diciéndole: ¡Oh María, mi Señora, recibe este velo, y dame, en cambio, uno solo de los pañales de tu hijo. Y María lo hizo, y la madre de Cleopas marchó, y, de aquel pañal, hizo una túnica, con la que vistió a su hijo, el cual quedó inmediatamente libre de su mal. Y el hijo de su rival, llamada Azrami, murió, lo que produjo enemistad entre ambas. Porque Azrami cobró aversión y horror a María, viendo que el hijo de ésta estaba vivo y sano, mientras que el suyo había muerto.

2. Y las dos mujeres tenían la costumbre de hacer el menaje de la casa alternativamente, cada una durante una semana. Y, cuando le tocó el turno a María, se aprestó a cocer el pan. Y encendió el horno, y marchó a buscar la masa. Azrami, advirtiendo que nadie la veía, corrió a buscar al niño, que estaba solo en aquel momento, y lo arrojó al horno, y se alejé de allí. Y, cuando

María volvió, hallé a su hijo, riendo en medio del horno a que se le había echado, y al horno frío ya como la nieve, cual si no se hubiese puesto en él fuego alguno. Entonces la madre del niño comprendió que era su rival quien lo había lanzado a las llamas. Y, sacando a Cleopas del horno, fue a casa de la Virgen, a quien conté el caso. Y la Virgen le dijo: Tranquilízate, porque esto redundará en ventaja tuya, y no hables del caso a nadie. El no callarlo no te servirá de nada, y aun temo por ti, si se divulga.

3. Y ocurrió a poco que, yendo Azrami al pozo a buscar agua, vio a Cleopas, que jugaba por allí cerca. Nadie comparecía por los contornos. Y, tomando al niño, lo precipitó al pozo, y regresó a su casa. Cuando otras gentes llegaron al pozo a hacer su provisión de líquido, vieron al muchacho, que se recreaba, daba vagidos, y se reía, sentado sobre el agua. Y bajaron al pozo, y lo sacaron de él. Y, poseídos de admiración extremada por el pequeñuelo, glorificaron a Dios. Mas su madre, que sobrevino, lo tomé, y lo llevó, llorando, a la Virgen, a quien dijo: Ve, madre mía, lo que mi rival ha hecho con mi hijo, y cómo lo ha precipitado al pozo. Es inevitable que acabe por hacerlo perecer. Pero la Virgen le contestó: Cálmate, porque muy pronto Dios te librará de ella, te hará justicia, y te vengará. Y, en efecto, como a los pocos días, Azrami, fuese a tomar agua del pozo, sus pies se enredaron en la cuerda, y cayó al fondo. Y las gentes que llegaron a sacarla, la encontraron con la cabeza triturada y los huesos rotos. Así murió de mala muerte, y en ella se cumplió lo que habla escrito David: Han cavado un pozo, lo han hecho profundo, y han caído en el hoyo que ellos mismos han abierto.

Curación de Tomás Dídimo (o de Bartolomé)

XXX 1. Y había allí otra mujer, que tenía dos hijos gemelos. Ambos contrajeron una enfermedad. El uno había muerto, y el otro agonizaba. Y la madre tomó al último llorando, y lo llevó a Nuestra Señora Santa María, a quien dijo: ¡Oh María, mi Señora, ven en mi ayuda, y socórreme!, yo tenía dos hijos gemelos y, en la hora de ahora, he enterrado al uno, y el otro está a punto de morir. Escucha la plegaria y la súplica que voy a dirigir a Dios. Y, deshecha en lágrimas, tomó a su hijo en sus brazos, y se puso a decir: ¡Oh Señor, tú que eres tierno para los hombres y no implacable, bueno y no inflexible! ¡Oh Señor, amante de los hombres, clemente, misericordioso y santo, haz justicia a tu sierva! Tú me has dado dos hijos, y me has quitado uno. Déjame, al menos, el que me queda.

2. A la vista de aquel ardiente llanto, Santa María tuvo piedad de ella, y le dijo: Deposita a tu hijo sobre el lecho del mío, y cúbrelo con los vestidos de este último. Y ella lo depositó sobre el lecho en que estaba el Cristo. El niño tenía ya los ojos cerrados, como para abandonar la vida. Mas, cuando el olor de los efluvios que emanaban de los vestidos del Cristo hubo llegado al pequeñuelo, éste aspiró un espíritu de vida nueva, abrió los ojos y, dando un gran grito, exclamó: ¡Madre, dame el pecho! Y ella se lo dio, y el niño lo chupó. Y su madre dijo a Nuestra Señora Santa María: Yo sé ahora que la virtud de Dios reside en ti hasta punto tal, que tu hijo tiene el poder de curar a sus semejantes por el simple contacto con sus vestidos. Y el niño curado de aquel modo era el que el Evangelio llama Tomás, apodado Dídimo por los demás apóstoles.

Curación de una leprosa

XXXI 1. Y había allí también una mujer atacada de la lepra y de la sarna. Y fue a casa de María, y le dijo: ¡Oh María, mi Señora, ven en mi ayuda! María le dijo: ¿Qué socorro necesitas? ¿Plata? ¿Oro? ¿O que tu cuerpo sea purificado de la lepra y de la sarna? La mujer le dijo: ¿Y quién tiene el poder de darme esto? María le dijo: Ten la paciencia de esperar a que mi hijo Jesús haya salido del baño.

2. Y la mujer esperó pacientemente, como María le había dicho. Y, cuando Jesús fue sacado del baño, en que se lo había lavado, María lo fajó, y lo colocó en su cuna. Y dijo a la mujer: Toma un poco de este agua, y viértela sobre tu cuerpo. Y, habiéndolo hecho, al instante quedó libre de su azote, y rindió a Dios alabanzas y acciones de gracias.

Curación de otra leprosa

XXXII 1. Después de haber permanecido tres días con María, la mujer regresó a su aldea, donde había un señor, que tenía una hija casada con otro señor de otro país. Y, al poco tiempo de las bodas, el marido notó en su esposa huellas de lepra semejantes a una estrella. Y el matrimonio fue roto y declarado nulo, a causa de la señal morbosa que apareciera en la cuitada. Y su madre empezó a llorar con amargura, y la joven lloraba también. Cuando aquella mujer las vio en tal situación, abrumadas de pena y vertiendo lágrimas les preguntó: ¿Cuál es la causa de vuestro llanto? Y ellas respondieron: No nos interrogues sobre nuestra situación. Nuestro disgusto es algo de que no podemos hablar a nadie, y que debe quedar entre nosotras. La mujer repitió su pregunta con insistencia, y les dijo: Descubrídmelo, que quizá os indicaré el remedio. Y ellas le mostraron las huellas de lepra que se advertían en el cuerpo de la joven.

2. Habiendo oído y visto todo esto, la mujer les dijo: Yo también era leprosa, y habiendo ido a Bethlehem para un asunto, entré en casa de una mujer llamada María, que tiene un hijo llamado Jesús, el cual es hijo de Dios. Y, como notase que era leprosa, se compadeció de mi suerte, y me dio el agua que había servido para bañar a su hijo, agua que vertí sobre mi cuerpo, quedando en seguida curada de mi mal. Y ellas le dijeron: ¿Estás dispuesta a partir con nosotras, y ponernos en relación con María? Ella repuso: De buen grado. Y las tres mujeres se levantaron, y fueron a ver a María, llevando consigo ricos presentes.

3. Y, llegado que hubieron a Bethelehem, ofrecieron sus presentes a María, y le mostraron la leprosa que las acompañaba. Y María les dijo: ¡Descienda sobre vosotras la misericordia de Jesucristo! Y dio a la hija del señor el agua de las abluciones de Jesús. Y la joven se lavé con ella, y, tomando un espejo, se miró, y vio que estaba completamente curada. Y las favorecidas y los demás asistentes al milagro dieron gracias a Dios. Después, las dos mujeres volvieron gozosas a su país, glorificando al Altísimo, por el beneficio que les concediera. Y, cuando el marido supo que su esposa estaba completamente curada, la hizo volver a él, celebró por segunda vez sus nupcias, y alabé al Señor por la merced recibida.

La joven obsesionada por el demonio

XXXIII 1. Y había asimismo allí una joven, de padres nobles, de cuyo ser el demonio se había posesionado. El maldito le aparecía en todo momento, bajo la forma de un dragón enorme, y marcaba la mueca de que iba a devorarla. Y chupaba toda su sangre, y ponía su cuerpo como tostado, y la dejaba como muerta. Cuando él se le aproximaba, ella juntaba sus manos sobre su cabeza, y gritaba, diciendo: ¡Malhaya yo! ¿Quién me librará de este dragón perverso? Sus padres lloraban en su presencia misma. Cuantos oían sus gritos dolorosos, se apiadaban de su desgracia. Numerosas personas se agrupaban en torno suyo, lamentando su pena, sobre todo al oírla decir, entre lágrimas: Padres, hermanos, amigos, ¿no hay nadie que pueda sacarme de las garras de este enemigo verdugo?

2. Y, cuando la hija del señor, la que había sido curada de la lepra, oyó la voz de aquella muchacha, subió a la terraza de su castillo, y la vio con las manos juntas sobre la cabeza, y llorando, y, a la multitud que la rodeaba, llorando también. Y la hija del señor tomó la palabra, y preguntó a su marido: ¿Cuál es la historia de esa joven? Y el marido le respondió, explicándole el caso de la infeliz. Y su esposa le preguntó: ¿Tiene todavía padres? Él respondió: Ciertamente, tiene todavía padre y madre. Y ella dijo: Por el Dios vivo te conjuro a que envíes a buscar a su madre. Y él se la trajo. Cuando la hubo visto, la hija del señor la interrogó diciendo: ¿Es tu hija esta joven obsesionada por el demonio? La pobre le contestó con tristeza y llorando: Sí, señora, es mi hija. Y la otra le dijo: ¿Quieres que tu hija sane? La madre de la joven dijo: Lo quiero. Y la hija del señor le dijo: Guárdame el secreto. Has de saber que yo también he sido leprosa, y que logré mi curación por intermedio de una mujer llamada María, madre de Jesús, que es el Cristo. Ve a Bethlehem, la aldea de David, el gran rey, y entrevístate con María, y expónle tu caso. Ella curará a tu hija, y estáte segura de que volverás de la visita llena de júbilo.

3. Y la madre de la joven se despidió de la hija del señor, y fue a Bethlehem con la suya. Allí encontró a María, y le hizo conocer el estado de la joven. Después de haberla oído, María le dio el agua de las abluciones de Jesús, y le ordenó que lavase con ella el cuerpo de su hija. Y también le dio uno de los pañales de Jesús, diciéndole: Toma este pañal, y cada vez que tu hija vea a su enemigo, mostrádselo. Y las despidió amistosamente.

Liberación de la poseída

XXXIV 1. Y las dos mujeres regresaron a su aldea. Y llegó el instante en que la joven estaba sujeta a su visión, y en que el demonio se disponía a acometerla. Y el maldito se presentó a sus ojos bajo su figura habitual de dragón, y la joven sintió pavor, y dijo: Madre, he aquí mi malvado enemigo, que va a asaltarme. Tengo mucho miedo. Su madre le dijo: No temas sus arañazos, hija mía. Espera a que se acerque, muéstrale el pañal que nos ha dado Santa María, y sabremos lo que ocurre.

2. Y la joven, viendo que su enemigo se aproximaba bajo la forma de un dragón enorme y de aspecto horrible, empezó a temblar con todos sus miembros. Y, cuando más cerca estaba de ella, desplegó el pañal, y, habiéndolo puesto sobre su cabeza, vio salir de él llamas ardientes y carbones abrasados, que se proyectaban sobre el dragón. ¡Oh prodigio brillante el que entonces se produjo! En el momento mismo en que el dragón dirigió su mirada al pañal de Jesús, salió de éste el fuego, que lo hirió en la cabeza, en los ojos y en la faz, haciéndolo aullar y dar alaridos terribles. Y, con voz estridente, gritó diciendo: ¿Qué quieres, Jesús, hijo de María? ¿Cómo podré escapar de ti? Y tomó la fuga,

desapareció, y no se lo vio más. Y la joven recobró la paz de su espíritu, y pasó de la angustia al júbilo. Y, a partir de aquel día, no volvió a visitarla la visión horrorosa.

El demonio expulsado de Judas Iscariotes

XXXV 1. Cuando Jesús tenía tres años de edad, había, en aquel país, una mujer, cuyo hijo, llamado Judas, estaba poseído del demonio. Y, cada vez que éste lo asaltaba, Judas mordía a cuantos se acercaban a él, y, si no encontraba a nadie a su alcance, se mordía las manos y los demás miembros de su cuerpo. Cuando la madre de este desventurado supo que Jesús había curado muchos enfermos, llevó su hijo a María. Pero, en aquel momento, Jesús no estaba en casa, por haber salido, con sus hermanos, a jugar con los otros niños.

2. Y, así que estuvieron en la calle, se sentaron todos, y Jesús con ellos. Judas, el poseído, sobrevino, y se sentó a la derecha de Nuestro Señor. Su obsesión lo invadió de nuevo, y quiso morder a Jesús. No pudo, pero lo golpeó en el costado derecho. Jesús se puso a llorar, y, en el mismo instante y ante los ojos de varios testigos, el demonio que obsesionaba a Judas lo abandonó bajo la forma de un perro rabioso. Y aquel muchacho que pegó a Jesús, y de quien salió el demonio, era el discípulo llamado Judas Iscariotes, el que entregó a Nuestro Señor a los tormentos de los judíos. Y el costado en que Judas lo golpeó fue el mismo que los judíos atravesaron con una lanza.

Las figurillas de barro

XXXVI 1. Un día, cuando Jesús había cumplido los siete años, jugaba con sus pequeños amigos, es decir, con niños de su edad. Y se entretenían todos en el barro, haciendo con él figurillas, que representaban pájaros, asnos, caballos, bueyes, y otros animales. Y cada uno de ellos se mostraba orgulloso de su habilidad, y elogiaba su obra, diciendo: Mi figurilla es mejor que la vuestra. Mas Jesús les dijo: Mis figurillas marcharán, si yo se lo ordeno. Y sus pequeños camaradas le dijeron: ¿Eres quizá el hijo del Creador?

2. Y Jesús mandó a sus figurillas marchar, y en seguida se pusieron a dar saltos. Después, las llamó, y volvieron. Y había hecho figurillas que representaban gorriones. Y les ordenó volar, y volaron, y posarse, y se posaron en sus manos. Y les dio de comer, y comieron, y de beber, y bebieron. Y, ante unos jumentos que hiciera, puso paja, cebada y agua. Y ellos comieron y bebieron. Los niños fueron a contar a sus padres todo lo que había hecho Jesús. Y sus padres les prohibieron para en adelante jugar con el hijo de María, diciéndoles que era un mago, y que convenía guardarse de él.

Jesús en casa del tintorero

XXXVII 1. Otro día en que Jesús se paseaba y se divertía con varios niños de su edad, pasó por el taller de un tintorero llamado Salem. Y este tintorero tenía, en su taller, muchos trajes que pertenecían a las gentes de la población, y que se proponía teñir.

2. Y, habiendo entrado en el taller del tintorero, tomó todos aquellos trajes, y los echó en una tina de índigo. Cuando Salem el tintorero volvió, y vio todos aquellos trajes deteriorados, se puso a gritar con voz estentórea, y, agarrando a Jesús, le dijo: ¿Qué me has hecho, hijo de María? Me afrentarás ante todas las gentes de la población. Cada uno desea un color a su gusto, y tú has venido a estropear la obra. Y Jesús le

dijo: Cambiaré a cada traje el color que quieras darle. Y, acto seguido, Jesús se puso a sacar de la tina los trajes, cada uno, hasta el último, con el color que deseaba el tintorero. Y los judíos, a la vista de prodigio tamaño, glorificaron a Dios.

Jesús en el taller de José

XXXVIII 1. A veces, José llevaba a Jesús consigo, y circulaba por toda la población. Porque ocurría que las gentes, a causa de su arte, lo llamaban, para que les hiciera puertas, cubos para ordeñar, asientos o cofres. Y Jesús lo acompañaba por doquiera iba.

2. Y, cada vez que se necesitaba prolongar o recortar algún objeto, alargarlo o restringirlo, fuese en un codo o en un palmo, Jesús extendía su mano hacia el objeto, y la cosa quedaba hecha como deseaba José, sin que éste tuviese que poner la mano en ello. Porque José no era hábil en el oficio de carpintero.

El trozo de madera alargado

XXXIX 1. En cierta ocasión, el rey de Jerusalén llamó a José, y le dijo: José, quiero que me hagas un lecho suntuoso, cuyas dimensiones sean exactamente iguales a las del salón en que tengo mis asambleas. José repuso: ¡A tus órdenes! E, inmediatamente, se puso a fabricar el lecho, y permaneció dos años en el palacio del rey, antes de terminarlo. Mas, cuando quiso colocarlo en su sitio, se encontró con que una de las piezas era dos palmos más corta, en todos los sentidos, que la pieza simétrica. A la vista de esto, el rey montó en cólera contra él. Y José, en el exceso de temor que el rey le inspiraba, pasó la noche en ayuno, sin tomar ningun alimento.

2. Y Jesús le preguntó: ¿De qué tienes miedo? José contestó: He aquí que he perdido todo el trabajo de dos años. Jesús le dijo: No te empavorezcas, ni te espantes. Y, tomando uno de los extremos de la pieza, añadió: Toma tú el otro extremo. Y Jesús suspendió la pieza, y la hizo igual a la pieza gemela, diciendo a José: Haz ahora lo que te plazca. Y José comprobó que el lecho se hallaba en buen estado y a medida del local. Ante cuyo prodigio los asistentes quedaron llenos de estupor, y alabaron a Dios.

3. Y la madera que sirvió para hacer aquel lecho, era madera de esencias y de cualidades diferentes, como la empleada en la construcción del templo, por el rey Salomón, hijo de David.

Los niños convertidos en machos cabríos

XL 1. En otra ocasión, Jesús había salido por las calles. Y, habiendo visto a algunos niños, que se habían reunido para jugar, se dirigió a ellos. Pero los niños, al advertir que se les acercaba, huyeron de él, y se ocultaron en un horno. Jesús los siguió, se detuvo a la puerta de la casa, y, viendo a unas mujeres, les preguntó dónde habían ido los niños. Y las mujeres respondieron: No hay aquí uno solo. Él les dijo: Y los que están en el horno, ¿quiénes son? Las mujeres le dijeron: Son machos cabríos de tres años. Y Jesús exclamó: Salgan afuera, cerca de su pastor, los machos cabríos que en el horno están. Y del horno salieron cabritillos, que saltaban y brincaban, jugueteando, alrededor de Jesús. Testigos de este espectáculo, las mujeres, presa de admiración y de pavor, corrieron a prosternarse en súplica ante Jesús, diciéndole: ¡Oh Señor Nuestro, Jesús, hijo de María! Tú eres, en verdad, el buen pastor de Israel. Ten piedad de tus siervas, que están en tu presencia, y que no dudan de ti. ¡Oh Señor nuestro, tú has venido a curar, y no a hacer perecer!

2. Y Jesús les respondió: Los hijos de Israel están colocados, entre los pueblos, en el mismo rango que los negros. Porque los negros merodean por los flancos de los rebaños descarriados, e importunan a los pastores, y lo mismo hace el pueblo de Israel. Y las mujeres dijeron: Señor, tú sabes todas las cosas, y nada te está oculto. Pero los hijos de Israel nunca más te huirán, ni se esconderán de ti, ni te importunarán. Rogámoste, y esperamos de tu bondad, que tornes a esos niños, servidores tuyos, a su condición primera. Y Jesús gritó: Corred aquí, niños, y vamos a jugar. Y, en el mismo instante, los cabritillos recobraron su forma, y se convirtieron en muchachos, ante los ojos de aquellas mujeres. Y, a partir de aquel día, no les fue ya posible a los niños huir de Jesús. Y sus padres les advirtieron de ello, diciéndoles: Cuidad de hacer todo lo que os diga el hijo de María.

Jesús en papel de rey

XLI 1. Cuando llegó el mes de adar, Jesús congregó a los niños alrededor suyo, y les dijo: Démonos un rey. Y los apostó sobre el camino grande. Y ellos extendieron sus vestidos en el suelo, y Jesús se sentó encima. Y tejieron una corona de flores, y la pusieron sobre su cabeza, a guisa de diadema. Y se colocaron junto a él, formados en dos grupos, a derecha e izquierda, como chambelanes que se mantienen a ambos lados del monarca.

2. Y a quienquiera pasaba por el camino, los niños lo atraían a la fuerza, y le decían: Prostérnate ante el rey, ve lo que desea, y después prosigue tu marcha.

Curación de Simón, mordido por una serpiente. Dos prodigios más

XLII 1. Mientras tanto, he aquí que se aproximaron a aquel sitio varias personas, que transportaban a un niño de quince años, llamado Simón. Este niño había ido con otros a la montaña para recoger leña. Y, en la montaña, encontró un nido de gorriones, y extendió la mano para coger los huevos. Y una serpiente venenosa, que se encontraba en el nido, lo mordió. Y pidió socorro, y, cuando sus compañeros llegaron, lo vieron yacente en tierra como un muerto. Y sus padres lo llevaban para conducirlo a Jerusalén a que lo viese un médico.

2. Al pasar frente al grupo de niños, en que Jesús se encontraba ejerciendo su papel de rey, con sus compañeros en torno suyo, semejantes a servidores, éstos dijeron a los portadores del niño: Venid a ver lo que el rey desea de vosotros, y saludadlo. Pero ellos se negaron a ir, a causa del disgusto que experimentaban. Entonces los niños los arrastraron violentamente y a pesar suyo.

3. Los padres de Simón lloraban, porque el niño andaba muy mal de su mordedura, y tenía el brazo inflamado y tumefacto. Cuando llegaron cerca de Jesús, éste les preguntó: ¿Por qué lloráis? Y ellos respondieron: A causa de este nuestro hijo, que, habiendo ido a buscar nidos de gorriones, fue mordido por una serpiente. Y Jesús dijo a todos: Venid conmigo a matar la serpiente. Mas los padres del niño dijeron: Déjanos marchar, porque nuestro hijo está a punto de morir. Los camaradas de Jesús replicaron: ¿Os negáis a obedecer, después de haber oído lo que el rey ha ordenado? Vamos a matar la serpiente. Y, sin otro permiso, emprendieron la subida a la montaña.

4. Cuando llegó cerca del nido, Jesús preguntó a los padres: ¿Es aquí donde se encuentra la serpiente? Y ellos respondieron: Sí. Entonces Jesús llamó a la serpiente, que salió sin retardo, y se humilló ante él, que le dijo: Ve a chupar el veneno que has inyectado a ese niño. Y la serpiente se arrastró hasta éste, y le chupó todo su veneno. Y Jesús la maldijo, y la serpiente reventó. Y puso su mano sobre el pequeño, que, aun viéndose curado empezó a llorar. Mas Jesús le dijo: No llores, que con el tiempo serás mi discípulo. Y este discípulo era el mismo de que habla el Evangelio, y que los apóstoles llamaron Simón Zelote o Qananaia, a causa de aquel nido de gorriones, en el cual una serpiente lo había mordido.

5. Poco después, llegó un hombre de Jerusalén. Y los niños fueron a él, y lo detuvieron, diciéndole: Ven a saludar a nuestro rey. Y, cuando el hombre obedeció, Jesús observó que llevaba enroscada al cuello una serpiente, la cual, tan pronto lo sofocaba, como aflojaba sus anillos. Jesús le preguntó: ¿Cuánto tiempo hace que esa serpiente está en tu cuello? El hombre respondió: Hace tres años. Jesús añadió: ¿De dónde cayó sobre ti? El hombre contestó: Yo le hice una buena acción, y ella me la devolvió con otra mala. Jesús insistió: ¿De qué manera le hiciste bien, y ella te lo pagó con mal? El hombre repuso: La encontré en invierno, aterida de frío. La puse en mi pecho, y, llegado a mi casa, la metí en un cántaro de tierra, cuya abertura cerré. Y, cuando abrí el cántaro, para sacarla de allí, se lanzó a mi cuello, y en él se enroscó. Me atormenta, me estrangula, y no puedo librarme de ella. Y Jesús dijo: Has obrado mal, sin saberlo. Dios ha creado a la serpiente para vivir en el polvo de la tierra, y tener alternativamente frío y calor. De ti dependía que hubiese seguido viviendo en el polvo de la tierra, conforme a la voluntad

divina. Pero la has agarrado, llevado contigo, y encerrado en un cántaro, sin darle alimento. No has procedido bien al respecto suyo. Y Jesús dijo a la serpiente: Baja de donde estás, y vete a vivir en el suelo. Y la serpiente obedeció, y se desprendió del cuello del hombre, que dijo: En verdad, tú eres rey, el rey de los reyes, y todos los encantadores y todos los espíritus rebeldes reconocen tu imperio, y te obedecen.

6. Advino en seguida un joven montado sobre un asno, y acompañado de un viejo, que, llorando, lo sostenía. Y, Jesús lo vio, se apiadó de él, y le dijo: ¿Qué tienes, viejo, que así lloras? ¿Cuál es la causa de tus lágrimas? Y el viejo dijo: ¿Cómo no llorar y atormentarme? Este hijo mío era quien a mí y a su madre, también anciana, nos sustentaba y nos servía. Pero unos ladrones lo han asaltado, desvalijado, golpeado, herido, y después se han marchado, dejándolo por muerto. Y Jesús sintió compasión por el viejo, y puso su mano derecha sobre el joven, que inmediatamente quedó curado de sus heridas, se apeó del asno, se puso en marcha por su propio pie, y regresó a su hogar con su progenitor.

Jacobo mordido por una víbora

XLIII 1. Otra vez, José mandó a su hijo Jacobo a buscar leña al bosque, y Jesús partió en su compañía. Cuando llegaron al sitio en que la leña se encontraba, Jacobo se puso a recogerla. Y he aquí que una mala víbora lo mordió en la mano, y el niño empezó a gritar y a llorar.

2. Y Jesús, viéndolo en aquel estado, se acercó a él, y sopló sobre la mordedura, que quedó cicatrizada. Y la víbora se desecó, y Jacobo se encontró sano y salvo.

Resurrección de Zenón, caído de una azotea

XLIV 1. Algunos días más tarde, Jesús jugaba con otros niños en la azotea de una casa. Uno de ellos cayó al suelo, y murió instantáneamente. Y los niños se dijeron los unos a los otros: ¡Ea! Digamos que quien lo ha tirado es Jesús, el hijo de María. Y huyeron todos, y Jesús quedó solo en la azotea. Cuando los padres del niño llegaron, dijeron a Jesús: Tú eres quien ha tirado a nuestro hijo desde lo alto de la azotea. Y él les respondió: No soy yo quien lo ha tirado. Mas ellos se pusieron a gritar, diciendo: Nuestro hijo ha muerto, y tú eres su matador.

2. Y Jesús, María y José fueron detenidos por la muerte de aquel niño, y se los condujo a la presencia del gobernador. Y ante éste depusieron los niños contra Jesús, como si hubiera sido él quien tirara al niño de la azotea. Y el gobernador dijo: Ojo por ojo, diente por diente, vida por vida. Cuando le tocó declarar a Jesús, respondió al juez en estos términos: No se me impute tan mala acción. Y, si no me crees, ¿bastará con que interroguemos al niño, para que manifieste la verdad? Si yo resucito a ese niño, y si él dice que no he sido yo quien lo ha tirado, ¿qué harás con los que han dado falso testimonio contra mí? El juez respondió, y dijo a Jesús: Si haces eso, tú serás absuelto, y los otros serán condenados. Entonces Jesús, acompañado del juez y de gran multitud, fue hasta donde estaba el niño muerto, y, colocándose cerca de su cabeza, gritó en alta voz: Zenón, Zenón, ¿quién te ha tirado de la azotea? ¿He sido yo? Y el muerto respondió, diciendo: ¡Perdón, Señor Jesús! Tú no me has tirado, y ni siquiera estabas allí, cuando me tiraron mis compañeros. Estos niños que han depuesto mentirosamente contra ti son los que me tiraron, y yo he caído. Entonces Jesús se aproximó a

Zenón, lo tomó por la cabeza, lo irguió sobre sus pies, y dijo a los asistentes: ¿Habéis oído y visto? Y los adversarios de Jesús quedaron cubiertos de oprobio, y los espectadores, sorprendidos, se admiraron de prodigio tamaño, y alabaron a Dios, diciendo: Verdaderamente, Dios está con este niño. ¿Qué llegará a ser con el tiempo? Y Jesús se acercaba a la edad de doce años cuando hizo aquel milagro.

El agua recogida en una túnica

XLV 1. Y María dijo, una vez, a Jesús: Hijo mío, ve a buscarme agua al pozo. Mas, a causa del gran gentío que alrededor del pozo se comprimía, el cántaro, lleno de agua, como estaba, cayó y se rompió.

2. Y Jesús, desplegando la túnica que lo cubría, recogió el agua en ella, y la llevó a su madre. Y María quedó admirada en extremo. Y todo lo que veía, lo guardaba y lo encerraba en su corazón.

El hijo de Hanan castigado con parálisis

XLVI 1. Otra vez, Jesús se encontraba cerca de un canal de irrigación, y con él se encontraban otros niños. Y se entretenían en hacer pequeños depósitos de agua. Y Jesús, con barro, había formado doce pajaritos, y los colocó en los bordes de su depósito, tres a cada lado. Y era sábado aquel día.

2. Sobrevino el hijo de Hanan el judío, y, viéndolos así ocupados, les dijo con cólera y acritud: ¡En día de sábado amasáis barro! Y, lanzándose contra ellos, destruyó sus depósitos. Cuanto a Jesús, batió sus manos, se volvió hacia los pájaros que había hecho, y éstos volaron, chillando.

3. El hijo de Hanan se dispuso también a romper el

depósito de Jesús, y el agua se desecó. Y Jesús le dijo: ¡Deséquese tu vida, como se ha desecado este agua! Y, en el mismo momento, el niño fue atacado de parálisis.

Jesús empujado por un niño

XLVII 1. Un día, Jesús caminaba con José. Y encontró a un muchacho que corría, y que, tropezando con él, lo hizo caer.

2. Y Jesús le dijo: Como me has hecho caer, así caerás tú, para no levantarte más. Y, en el mismo momento, el muchacho cayó, y murió.

Jesús en la escuela de Zaqueo

XLVIII 1. Había en Jerusalén un maestro de niños llamado Zaqueo, el cual dijo a José: Tráeme a Jesús, para que se instruya en mi escuela. Y José le dijo: De buen grado. Y fue a hablar a María, y ambos tomaron consigo a Jesús, y lo llevaron al maestro. Habiéndolo éste visto, le escribió el alfabeto, y le ordenó: Di Alaph. Y Jesús dijo: Alaph. El maestro continuó: Di Beth. Y Jesús repuso: Explícame primero el término Alaph, y entonces diré Beth. El maestro dijo: No sé esa explicación. Y Jesús le dijo: Los que no saben explicar Alaph y Beth, ¿cómo enseñan? Hipócritas, enseñad, ante todo, lo que es Alaph, y os creeré sobre Beth. Y, al oír esto, el maestro quiso pegarle.

2. Mas Jesús, le dijo: Alaph está hecha de un modo, y Beth de otro, y lo mismo ocurre con Gamal, Dalad, etcétera, hasta Thau. Porque, entre las letras, unas son rectas, otras desviadas, otras redondas, otras marcadas con puntos, otras desprovistas de ellos. Y hay que saber por qué cierta letra no precede a las otras; por qué la primera letra tiene ángulos; por qué sus lados son adhe-

rentes, puntiagudos, recogidos, extensos, complicados, sencillos, cuadrados, inclinados, dobles o reunidos en grupo ternario; por qué los vértices quedan desviados u ocultos. En suma: se puso a explicar cosas que el maestro no había jamás oído, ni leído en ningún libro.

3. Y el maestro se sorprendió, y se espantó de las palabras del niño, de la nomenclatura que detallaba, y de la fuerza inmensa que se encerraba en las cuestiones que proponía. Y dijo: En verdad, esta criatura es capaz de quemar el fuego mismo. Yo creo que ha nacido antes del tiempo de Noé. Y, volviéndose hacia José, le dijo: Me has traído un niño para que lo instruya en calidad de discípulo, y se me ha revelado como maestro de maestros.

4. Y José exclamó: ¿Quién será capaz de educar a un niño como éste? Jesús repuso: Las palabras que acabas de pronunciar, significan que no soy de los vuestros. Estoy con vosotros y en medio de vosotros, y no poseo ninguna distinción humana. Vosotros estáis bajo la ley, y quedaréis bajo la ley. Yo existía antes que vuestros padres hubiesen nacido. Tú, José, te crees mi padre, porque no sabes de quién nací, ni de dónde vengo. Sólo yo sé verdaderamente cuándo has nacido, y cuánto tiempo permanecerás en este mundo. Y, al oír esto, todos quedaron llenos de sorpresa y de estupor.

El profesor castigado de muerte

XLIX 1. Después, otro maestro, más hábil que el primero, dijo a José: Confíame a Jesús, y yo lo instruiré. Y el maestro se puso a instruirlo, y le ordenó: Di Alaph. Y Jesús dijo Alaph. El maestro continuó: Di Beth. Y Jesús repuso: Dame antes la significación de Alaph, y después diré Beth. El maestro, colérico e irritado, levantó la mano, y le pegó. Y, en el mismo instante, su mano se secó, y cayó por tierra muerto.

2. Y el niño marchó fuera, y se mezcló entre el gentío. Y José llamó a María, su madre, y le advirtió: No dejes a Jesús salir de casa, porque todo el que le pega, muere.

Jesús en medio de los doctores

L 1. Cuando Jesús cumplió los doce años, sus padres subieron con él a Jerusalón, para la fiesta. Y, ésta terminada, regresaron a su hogar. Mas Jesús se separó de ellos, y quedó en el templo, entre los pontífices, los ancianos del pueblo y los doctores de Israel, preguntándoles y respondiéndoles sobre puntos de doctrina. Y todos se admiraban de las palabras, inspiradas por la gracia, que salían de su boca.

2. Jesús interrogó a los doctores: ¿De quién es hijo el Mesías? Y ellos respondieron: De David. Mas él replicó: Entonces, ¿por qué David, bajo la inspiración de Dios, lo llama su Señor, cuando escribe: Dijo el Señor a mi Señor: Siéntate a mi diestra, para que humille a mis enemigos bajo el escabel de tus pies?

3. Y el más viejo de los doctores repuso: ¿Has leído los libros santos? Y Jesús dijo: Los libros, el contenido de los libros y la explicación de los libros, de la Thora, de los mandamientos, de las leyes y de los misterios, contenidos en las obras de los profetas, cosas inaccesibles a la razón de una criatura. Y el doctor dijo a sus compañeros: Por mi fe, que hasta el presente no he alcanzado, y ni aun por oídas conozco, un saber semejante. ¿Qué pensáis que llegará a ser este niño, por cuya boca parece que habla Dios?

Ciencia de Jesús

LI 1. Y había también allí un sabio hábil en astronomía. Y preguntó a Jesús: ¿Posees nociones de astronomía, hijo mío?

2. Y Jesús le respondió, puntualizándole el número de las esferas y de los cuerpos celestes, con sus naturalezas, sus virtudes, sus oposiciones, sus combinaciones por tres, cuatro y seis, sus ascensiones y sus regresiones, sus posiciones en minutos y en segundos, y otras cosas que rebasan los límites de la razón de una criatura.

Jesús y el filósofo

LII 1. Y se encontraba asimismo entre los doctores un filósofo versado en la medicina natural. Y preguntó a Jesús: ¿Posees nociones de medicina natural, hijo mío?

2. Y Jesús respondió con una disertación sobre la física, la metafísica, la hiperfísica y la hipofísica, sobre las fuerzas de los cuerpos y de los temperamentos, y sobre sus energías y sus influencias en los nervios, los huesos, las venas, las arterias y los tendones, y sobre sus efectos, y sobre las operaciones del alma en el cuerpo, sobre sus percepciones y sus potencias, sobre la facultad lógica, sobre los actos del apetito irascible y los del apetito concupiscible, sobre la composición y la disolución, y sobre otras cosas que sobrepujan la razón de una criatura.

3. El filósofo, levantándose, se prosternó ante Jesús, le dijo: Señor, en adelante, soy tu discípulo y tu servidor.

Jesús hallado en el templo

LIII 1. Y, mientras se cambiaban estas conversaciones y otras semejantes, sobrevino María, que, durante tres días, erraba con José en busca de Jesús. Y lo encontró sentado entre los doctores, preguntándoles y respondiéndoles. Y le dijo: Hijo mío, ¿por qué nos has tratado de esta suerte? He aquí que tu padre y yo te buscamos con extrema fatiga. Y Él repuso: ¿Por qué me buscáis? ¿No sabéis que debo estar en la casa de mi Padre? Ellos no comprendieron la palabra que les había dicho. Y los doctores interrumpieron: ¿Es éste tu hijo, María? Ella contestó: Sí. Y ellos dijeron: ¡Bienaventurada eres, oh María, por tal maternidad!

2. Y Jesús volvió con sus padres a Nazareth, y los obedecía en todas las cosas. Su madre conservaba en su corazón todas aquellas palabras. Y Jesús crecía en edad, en sabiduría y en gracia ante Dios y los hombres.

Bautismo de Jesús

LIV 1. A partir de aquel día, comenzó a ocultar sus prodigios, sus misterios y sus parábolas.

2. Y se conformó con las prescripciones de la Thora, hasta que cumplió los treinta años, en que el Padre lo manifestó en el Jordán, por la voz que exclamaba desde el cielo: He aquí mi hijo amado, en el cual me complazco, mientras que el Espíritu santo daba testimonio de él, bajo la forma de una paloma blanca.

Doxología

LV 1. Él es aquel a quien oramos y adoramos, él quien se ha encarnado por nosotros, y nos ha salvado, Él quien nos ha dado el ser, el nacimiento y la vida. Su misericordia no cesa, y su clemencia se extiende sobre nosotros, por su liberalidad, su beneficencia, su generosidad y su largueza.

2. A Él la gloria, la benevolencia, la fuerza, la dominación, ahora, en todo tiempo, en toda edad, en toda época, hasta la eternidad de las eternidades y por los siglos de los siglos. Amén.

7
EVANGELIO DE PEDRO

(Fragmento griego de Akhmin)
Endurecimiento de los judíos contra Jesús, después de haber protestado Pilatos de su inocencia ante ellos

I 1. Mas ninguno de los judíos se lavó las manos, ni Herodes, ni ninguno de los jueces de Jesús. 2. Y, como no querían lavárselas, Pilatos se levantó del tribunal. 3. Y entonces el rey Herodes ordenó a los judíos que aprehendieran al Señor, diciéndoles: Haced todo lo que os he mandado que hagáis.

Herodes entrega a Jesús al pueblo

II 1. Empero José, el amigo de Pilatos y del Señor, permaneció allí. Y, sabiendo que se le iba a crucificar, fue a Pilatos, y le pidió el cuerpo del Señor, para sepultarlo. 2. Y Pilatos envió a pedir a Herodes el cuerpo del Señor. 3. Mas Herodes dijo: Hermano Pilatos, aun cuando nadie lo pidiese, nosotros lo sepultaríamos, sin esperar a que despuntase el día del sábado, porque escrito está en la ley que no se ocultará el sol sobre un hombre puesto en suplicio mortal. 4. Y lo entregó al pueblo, la víspera de los Ázimos, su fiesta.

Pasión de Jesús

III 1. Y ellos, habiendo agarrado al Señor, lo empujaban a toda prisa, y decían: Arrastremos al Hijo de Dios, ahora que somos dueños de él. 2. Y lo revistieron con un manto de púrpura, y lo hicieron sentarse en el Tribunal, diciendo: Juzga equitativamente, rey de Israel. 3. Y uno de ellos, habiendo traído una corona de espinas, la colocó sobre la cabeza del Señor. 4. Y otros, puestos delante de él, le escupían en el rostro, y otros le pegaban en las mejillas, y otros lo golpeaban con una caña, y algunos lo azotaban con un látigo, diciendo: Tributemos estos honores al Hijo de Dios.

Crucifixión de Jesús

IV 1. Y tomaron dos malhechores, y crucificaron al Señor entre ellos. Mas él se callaba, como aquel que no siente sufrimiento alguno. 2. Y, cuando hubieron levantado la cruz, inscribieron en ella: Éste es el rey de Israel. 3. Y, habiendo depositado ante él sus vestidos, echaron suertes sobre ellos, y se los repartieron. 4. Empero uno de los malhechores les dirigió reproches, diciendo: Nosotros, por el mal que hemos hecho, sufrimos así. Mas éste, que se ha convertido en el Salvador de los hombres, ¿qué mal os ha hecho? 5. Y, habiéndose irritado contra él, ordenaron que se le rompiesen las piernas, a fin de que muriese entre tormentos espantosos.

Últimos momentos de Jesús

V 1. Y era mediodía, y las tinieblas se apoderaron de toda la Judea, y ellos estaban turbados, y se preguntaban con inquietud si el sol se habría ocultado ya, considerando que él vivía aún, y que está escrito para ellos que el sol no debe ocultarse sobre un hombre puesto en suplicio mortal. 2. Y uno de ellos dijo: Dadle a beber hiel con vinagre. Y, habiendo hecho la mezcla, se la dieron a beber. 3. Y consumaron todas las cosas, y acumularon sobre sus cabezas sus pecados. 4. Muchos circulaban con lámparas encendidas, pensando que era ya de noche, y se ponían a la mesa. 5. Y el Señor clamó, diciendo: Mi potencia, mi potencia, me has abandonado. Y pronunciadas estas palabras perdió la vida. 6. Y, en aquella misma hora, el velo del templo de Jerusalén se rompió en dos.

Sepultura de Jesús

VI 1. Entonces los judíos arrancaron los clavos de las manos del Señor y lo pusieron en tierra. Y la tierra entera tembló y un gran temor se esparció entre el pueblo. 2. Mas el sol volvió a brillar, y se encontró que era la hora de nona. 3. Los judíos se regocijaron de ello, y dieron a José el cuerpo del Señor, para que lo sepultase. Porque José había sido testigo de todo el bien que el Señor había hecho. 4. Habiendo, pues, tomado al Señor, lo lavó, y lo envolvió en un lienzo, y lo transportó a su propia tumba, llamada el huerto de José. 5. Y los judíos y los ancianos y los sacerdotes comprendieron el mal que se habían hecho a sí mismos, y comenzaron a lamentarse y a exclamar: ¡Malhayan nuestros pecados! El juicio y el fin de Jerusalén se aproximan.

Duelo de los discípulos

VII 1. Cuanto a mí, me afligía con mis compañeros y, con el espíritu herido, nos ocultábamos, porque sabíamos que los judíos nos buscaban, como malhechores y como acusados de querer incendiar el templo. 2. A causa de todo esto, ayunábamos, y permanecimos en triste duelo, y llorando, noche y día, hasta el sábado.

Pánico de los judíos

VIII 1. Pero los ancianos y los escribas y los fariseos se habían reunido en concilio, y, al saber que todo el pueblo murmuraba, y se golpeaba el pecho, diciendo: Si a su muerte se han producido tamaños signos, ello demuestra que era justo, cobraron gran pavor. 2. Y fueron a Pilatos, rogándole, y diciendo: 3. Procúranos soldados, a fin de que guardemos su tumba durante tres días. Así evitaremos que sus discípulos vayan a robar su cuerpo y que el pueblo, creyendo que ha resucitado de entre los muertos, nos cause algún mal.

El sepulcro de Jesús guardado y sellado

IX 1. Pilatos, pues, les dio al centurión Petronio con soldados, para guardar el sepulcro. Y a éste fueron con ellos los ancianos y los escribas y los fariseos. 2. Y habiendo arrastrado hasta aquel lugar una enorme piedra, en un esfuerzo común y con ayuda del centurión y de los soldados, todos los que estaban allí la colocaron a la puerta del sepulcro, de modo que obstruyese su entrada. 3. Y fijaron, para asegurarla, siete sellos y, plantando una tienda, montaron la guardia. 4. Y por la mañana, cuando el sábado comenzaba a despuntar, llegó una gran multitud de gentes de Jerusalén y de sus cercanías, para ver el sepulcro sellado. Prodigios que en el sepulcro ocurrieron X 1.Empero, en la noche tras la cual se abría el domingo, mientras los soldados en facción montaban dos a dos la guardia, una gran voz se hizo oír en las alturas. 2. Y vieron los cielos abiertos, y que dos hombres resplandecientes de luz se aproximaban al sepulcro. 3. Y la enorme piedra que se había colocado a su puerta se movió por sí misma, poniéndose a un lado, y el sepulcro se abrió. Y los dos hombres penetraron en él. 4. Y, no bien hubieron visto esto, los soldados despertaron al centurión y a los ancianos, porque ellos también hacían la guardia. 5. Y, apenas los soldados refirieron lo que habían presenciado, de nuevo vieron salir de la tumba a tres hombres, y a dos de ellos sostener a uno, y a una cruz seguirlos. 6. Y la cabeza de los sostenedores llegaba hasta el cielo, mas la cabeza de aquel que conducían pasaba más allá de todos los cielos. 7. Y oyeron una voz, que preguntaba en las alturas: ¿Has predicado a los que están dormidos? 8. Y se escuchó venir de la cruz esta respuesta: Sí. 9. Los circunstantes, pues, se preguntaban unos a otros si no sería necesario marchar de allí, y relatar a Pilatos aquellas cosas. 10. Y, en tanto que deliberaban todavía, otra vez aparecieron los cielos abiertos, y un hombre que de ellos descendió y que entró en el sepulcro. Temor de los que hicieran la guardia en el sepulcro

XI 1.Visto lo cual, el centurión y sus compañeros de guardia se apresuraron a ir a visitar a Pilatos por la noche, abandonando el sepulcro que vigilaran. Y contaron todo lo que habían presenciado, vivamente inquietos y diciendo: Verdaderamente era Hijo de Dios. 2. Mas Pilatos, respondiendo, dijo: Yo estoy puro de la sangre del Hijo de Dios, y sois vosotros los que lo habéis decidido así. 3. Entonces todos le rogaron, sumisos, que ordenase al centurión y a los soldados no decir nada de lo que habían visto. 4. Porque (arguyeron), siendo culpable del mayor pecado ante Dios, nos importa no caer en manos del pueblo judío, y no ser lapidados. 5. Y Pilatos ordenó al centurión y a los soldados que nada dijesen.

Visita de varias mujeres al sepulcro

XII 1.Al rayar el alba, María Magdalena, discípula del Señor, tomando consigo a varias de sus amigas, fue con ellas al sepulcro en que aquél había sido depositado. 2. Y eligió esa hora, por temor a los judíos, los cuales estaban inflamados de cólera, y ella no había hecho, sobre el sepulcro del Señor, lo que las mujeres acostumbran a hacer con los muertos y con los seres queridos. 3. Y las visitantes temían que los judíos las viesen, y decían: Aunque el día en que se lo crucificó no hayamos podido llorar y lamentarnos, hagámoslo ahora, al menos sobre su sepulcro. ¿Quién nos revolverá la piedra de la puerta del sepulcro, a fin de que entremos, nos sentemos junto a él, y lo unjamos? 4. Porque la piedra es enorme, y tememos que alguien nos vea. Y, si no podemos revolverla, al menos depositaremos a la entrada lo que traemos en memoria suya. Y lloraremos, y nos lamentaremos, hasta que volvamos a nuestras casas.

Las mujeres encuentran el sepulcro abierto y un ángel les anuncia la resurrección de Jesús

XIII 1.Y, habiendo llegado al sepulcro, lo encontraron abierto. Y aproximándose, y bajándose a mirar, vieron, sentado en medio del sepulcro, un mancebo hermoso y vestido con una ropa muy brillante, que les dijo: 2. ¿Por qué habéis venido? ¿A quién buscáis? ¿Al crucificado? Resucitó, y se fue. Y, si no lo creéis, mirad, y ved que no está ya en el lugar en que se lo puso. Porque se ha levantado de entre los muertos, y se ha ido a la mansión de donde se lo había enviado. 3. Entonces las mujeres, espantadas, huyeron.

Los discípulos continúan afligidos

XIV 1.Y era el último día de los Ázimos, y muchos salían de la ciudad, y regresaban a sus hogares, por haber terminado la fiesta. 2. Nosotros, los doce discípulos del Señor, llorábamos y nos afligíamos. Y cada cual, apesadumbrado por lo que sucediera, se retiró a su casa. 3. Cuanto a mí, Simón Pedro, y a Andrés, mi hermano, tomamos nuestras redes y nos fuimos al mar. Y estaba con nosotros Levi, hijo de Alfeo, cuando el Señor...

Citas en la literatura cristiana primitiva)
Serapión (Ob. de Antioquía 190-211)

1. Nosotros, en efecto, hermanos, recibimos tanto a Pedro como a los demás apóstoles cual si se tratara de Cristo mismo, pero rechazamos con conocimiento de causa las obras falsificadas con sus nombres, sabiendo que semejantes escritos no los hemos recibido por tradición. Yo, cuando me encontraba en medio de vosotros, suponía que todos estabais adheridos a la verdadera fe, y por no hojear el evangelio atribuido a Pedro, que ellos mismos me presentaban, dije que, si era aquello lo único que les acongojaba, podían leerlo. Mas ahora, al enterarme de que su verdadero sentir estaba enmarañado en cierta herejía, a juzgar por lo que se me ha dicho, me apresuré a personarme de nuevo entre vosotros. Así, pues, hermanos, esperadme en

breve. Por nuestra parte, hermanos, después de darnos perfecta cuenta de la herejía a que estaba adherido Marciano, quien llegaba a contradecirse a sí mismo, no entendiendo lo que decía (cosa que podréis saber por mi carta), nos ha sido, pues, posible por medio de los que manejaron este mismo evangelio; es decir, por los sucesores de los que le entronizaron (a los que llamaremos docetas, pues la mayor parte de sus doctrinas están impregnadas en las enseñanzas de estos herejes), hemos podido, digo, por medio de éstos manejar el libro en cuestión, hojearlo y comprobar que la mayor parte del contenido está conforme con la recta doctrina del Salvador, si bien se encuentran algunas recomendaciones nuevas que hemos sometido a vuestra consideración. Y esto es lo que escribía Serapión. (citado por Eusebio, Hist. Eccl. VI 12,2-6)

Orígenes (+ 253-254)

2. Algunos, haciendo caso a la tradición contenida en el evangelio titulado según Pedro o en el libro de Santiago, dicen que los hermanos de Jesús son hijos de José, habidos de una primera mujer que convivió con éste antes que María. (Comm. in Mt. 10,17)

Eusebio de Cesarea (+ 339)

3. Y por lo que se refiere a los llamados Hechos suyos [de Pedro], al Evangelio que lleva su nombre y a lo que llaman su Predicación y su Apocalipsis, sabemos que no han sido en manera alguna incluidos por la tradición entre los católicos [libros canónicos], pues ningún escritor eclesiástico antiguo o contemporáneo se sirvió de testimonios procedentes de tales obras. (Hist. Eccl. III 3,2)

4. Por otra parte, el estilo desdice de las maneras apostólicas; además, las sentencias y principios del contenido, en total desacuerdo con la verdadera ortodoxia, demuestran claramente que se trata, en efecto, de teorías inventadas por herejes. Por que tales obras no deben ser catalogadas siquiera entre las apócrifas, sino rechazadas por absurdas e irreverentes. (Hist. Eccl. III 25,6-7)

Teodoreto Cirense (+ h.460)

5. Los nazarenos son judíos que veneran a Cristo como hombre justo y que se sirven del evangelio llamado según Pedro. (Haeret. fabularum. comp. II 2)

8
HISTORIA DE JOSÉ EL CARPINTERO

(REDACCIÓN ÁRABE)

Preliminar

En nombre de Dios, uno en esencia y trino en personas, paso a referir la historia de la muerte de nuestro padre, el santo anciano José el Carpintero. Protéjannos a todos, hermanos míos, su bendición y sus plegarias. Amén.

El total de los días de su existencia fue de ciento once años, y su salida del mundo tuvo lugar el 26 del mes de ab ib, que corresponde al mes de ab. Su plegaria nos guarde. Amén.

Nuestro Señor Jesucristo cantó esto a sus virtuosos discípulos, en el monte de los Olivos, y la manera como terminó sus días. Los apóstoles conservaron tan santos discursos, los escribieron y los depositaron en la Biblioteca de Jerusalén. Su plegaria nos guarde. Amén.

Jesús habla a sus discípulos

I. Un día, Jesucristo, nuestro Dios, nuestro Señor y

nuestro Salvador, se sentó entre sus discípulos, que se habían congregado cerca de él, en el monte de los Olivos. Y les dijo: Hermanos y amigos míos, hijos del Padre que os ha elegido entre todo el mundo, vosotros sabéis que muchas veces os he anunciado que debo ser crucificado y morir por la salvación de Adán y de su posteridad, y resucitar de entre los muertos. Yo os confiaré la predicación del Santo Evangelio que sostiene la buena nueva, para que la anunciéis al mundo. Y os investirá de la fuerza de lo alto, y os llenará del Espíritu Santo. Anunciaréis a todos los pueblos la penitencia y la remisión de los pecados. Porque un solo vaso de agua que el hombre halle en el otro mundo valdrá más que todos los tesoros del mundo presente. Y el espacio de un pie en el reino de mi Padre vale más que todas las riquezas de la tierra. Y una sola hora de alegría de los justos es mejor que mil años de los pecadores, porque los lloros y las lágrimas de éstos no cesarán nunca, ni nunca se detendrán. Y jamás hallarán reposo, ni consuelo. Y ahora ¡oh mis nobles miembros!, cuando os pongáis en camino, predicad a todos los pueblos, dadles la buena nueva, y decidles que el Salvador los pesará en una justa balanza, y con una exacta medida, y que habrán de defenderse y de contestar por sí mismos en el día del juicio, cuando el Salvador les pida cuenta de cada palabra. Y tendrán que darla. Y, así como a nadie olvida la muerte, igualmente el día del juicio manifestará las obras de todos, buenas o malas. Y, según la palabra que os he dicho, no se precie el fuerte de su fuerza, ni de su riqueza el rico, sino que quien quiera glorificarse se glorifique en el Señor.

José queda viudo

II. Había un hombre llamado José, que pertenecía al

pueblo de Bethlehem, ciudad de Judá y del rey David. Estaba muy instruido en las ciencias, y fue sacerdote en el templo del Señor. Conocía el oficio de carpintero. Se casó, según ejemplo de todos los hombres, y engendró hijos e hijas, cuatro varones y dos hembras. He aquí sus nombres: Judas, Justo, Jacobo y Simón. Las dos hijas se llamaban Asia y Lidia. Y la esposa de José, el justo, que loaba a Dios en todos sus actos, murió. Y este José, el justo, fue espeso de María, mi madre. Y partió, con sus hijos, para un trabajo de su oficio de carpintero.

Presentación de María en el templo

III. Cuando José el justo quedó viudo, María, mi madre, casta y bendita, acababa de cumplir los doce años. Porque sus padres la presentaron en el templo del Señor, cuando tenía tres años, y permaneció en el templo nueve. Y los sacerdotes, al ver que la virgen santa y temerosa de Dios había crecido, dijeron: Busquemos un hombre justo y temeroso de Dios para confiarle a María hasta el momento del matrimonio, para que no le ocurra en el templo lo que pasa a las mujeres, y Dios no se irrite contra nosotros.

Segundo matrimonio de José

IV. Entonces enviaron mensajeros y convocaron a los doce viejos de la tribu de Judá, que escribieron los nombres de las doce tribus de Israel. Y la suerte tocó al viejo bendito, José el justo. Y los sacerdotes dijeron a mi madre bendita: Vete con José, y vive con él hasta el momento de tu matrimonio. Y José el justo llevó a mi madre a su morada. Y mi madre encontró a Jacobo de corta edad, abandonado y triste como huérfano que era, y ella lo educó, y por eso fue llamada María madre de

Jacobo. Y José la dejó en su casa, y partió para el sitio en que desempeñaba su oficio de carpintero.

María, encinta. José sospecha de ella

V. Y, cuando la virgen pura hubo pasado dos años enteros en su casa, desde el momento en que se la había llevado a ella, yo vine al mundo de mi propio grado, y, por la voluntad de mi Padre y designio del Espíritu Santo, encarné en María por un misterio que excede de la comprensión de las criaturas. Y, cuando transcurrieron tres meses de su embarazo, el hombre justo volvió de su trabajo, y encontró encinta a la virgen mi madre. Y tuvo gran turbación, y pensé depedirla secretamente. Y, por efecto de su temor, de su disgusto y de su angustia de corazón, no comió ni bebió aquel día.

Aviso del ángel a José

VI. Y, en medio del día, el santo arcángel Gabriel se le apareció en sueños, por orden de mí Padre, y dijo: José, hijo de David, no temas recibir a María, tu esposa, porque está encinta por obra del Espíritu Santo. Parirá un hijo cuyo nombre será Jesús. Y él llevará a pacer a todos los pueblos con un cetro de hierro. El ángel lo abandonó y José se levantó de su sueño. E hizo como el ángel le había ordenado y María vivió con él.

Natividad de Jesús

VII. Por aquellos días, el emperador Augusto César dictó un decreto, que ordenaba se empadronase la población del mundo entero, y que cada cual lo hiciese en su ciudad natal. José, el viejo justo, tomó a María, y se dirigió a Bethlehem, porque el tiempo del alumbramiento estaba próximo. Inscribió su nombre en el registro así: José, hijo de David, y María, su esposa, que son de la tribu de Judá. Y María, mi madre, me puso en el mundo en Bethlehem, en una gruta cercana a la tumba de Raquel, esposa de Jacobo, el patriarca, y que era madre de José y de Benjamín.

Huida a Egipto

VIII. Y he aquí que Satán corrió a advertir a Herodes el Grande, padre de Arquelao. (Este Herodes es quien hizo decapitar a Juan, mi amigo y mi deudo.) Y Herodes ordenó que me buscasen, pensando que mi reino era de este mundo. José, el buen viejo, fue advertido en sueños. Y se levantó, y tomó a María, mi madre, en cuyos brazos yo iba, y los acompañaba Salomé. Partió para Egipto, donde pasó un año entero, hasta que hubo cesado la cólera de Herodes. El cual murió de la peor muerte, por haber vertido la sangre de los niños inocentes, que tiránicamente mandó degollar, sin que hubiesen cometido falta alguna.

Vuelta a Nazareth

IX. Y cuando aquel pérfido e impío Herodes hubo muerto, volvieron a la tierra de Israel y se establecieron en una ciudad de Galilea que se llama Nazareth. Y José, el viejo bendito, ejercía la profesión de carpintero. Vivía del trabajo de sus manos, como prescribe la ley de Moisés, y nunca comió gratis el pan ganado por otro.

Vejez de José

X. Y el viejo llegó a la extrema ancianidad. Mas su

cuerpo no se debilitó, su vista no se alteró, sus dientes no se pudrieron, su razón no se conturbó lo más mínimo. Era como un joven vigoroso, y sus miembros estaban libres de enfermedad. Y el total de su edad fue de ciento once años.

Vida en Nazareth

XI. Justo y Simón, los hijos de José, se casaron, y fueron a habitar sus moradas. Igualmente se casaron las dos hijas y fueron a habitar sus moradas. Quedaron, en la mansión de José, Judas, el pequeño Jacobo, y mi madre María. Yo quedé con ellos, como uno de sus hijos, y cumplí lo que forma la vida, menos el pecado. Llamaba a María «mi madre» y a José «mi padre». Los obedecía sin falta en cuanto me ordenaban, como han hecho todos los nacidos. Nunca los descontenté. Nunca les repliqué, ni los contradije, sino que los amaba como a las niñas de mis ojos,

La muerte ronda de cerca a José

XII. Y se acercó el momento en que el santo viejo debía pasar de este mundo al otro, como todos los nacidos. Su cuerpo se debilitó y un ángel le advirtió que iba a entrar en el reposo eterno. Y sintió gran turbación y miedo en su alma. Y se fue a Jerusalén, y entró en el templo del Señor, y ante el santuario oró en estos términos:

Oración de José en el templo

XIII. ¡Oh Dios, padre de todo consuelo, Dios de bondad, dueño de toda carne, Dios de mi alma, de mi espíritu y de mi cuerpo, yo te imploro, oh mi Señor y mi Dios! Si mis días son cumplidos, y si mi salida de este mundo está próxima, envíame al poderoso Miguel, el jefe de tus santos ángeles, para que esté cerca de mí, hasta que mi pobre alma salga de mi cuerpo miserable sin pena, ni dolor, ni conmoción. Porque un lóbrego temor y un violento disgusto se abaten, en el día de la muerte, sobre todos los cuerpos, sobre hombres, mujeres, bestias de carga, bestias salvajes, reptiles o volátiles, sobre toda criatura animada de un soplo de vida que hay bajo el cielo. Y sufren pavor, miedo, angustia y fatiga en el momento en que sus almas abandonan sus cuerpos. Y ahora ¡oh mi Señor y mi Dios! esté tu ángel junto a mi alma y mi cuerpo, hasta que se separen uno de otro. No me vuelva el rostro el ángel que me custodia desde que fui creado, sino vaya conmigo por el camino hasta que yo esté cerca de vos. Séame su rostro afable y alegre, y acompáñeme en paz. No dejes que aquellos cuya faz es multiforme se aproximen a mí en los puntos que yo recorra, hasta que llegue en paz junto a ti. No dejes que quienes guardan tus puertas prohíban la entrada a mi alma. No me confundas ante tu tribunal terrible. No se acerquen a mí las bestias feroces. No se anegue mi alma en las olas del río de fuego que toda alma debe atravesar antes de percibir la divinidad de tu majestad, ¡oh Dios, justo juez, que juzgas a la humanidad con equidad y con rectitud, y que das a cada uno según sus obras! Y ahora, ¡oh mi dueño y mi Dios!, préstame tu gracia, alumbra mi camino hacia ti, fuente abundante de todo bien y de toda grandeza para la eternidad. Amén.

José cae enfermo

XIV. En seguida volvió a su casa, de la villa de Nazareth. Y cayó enfermo para morir, según es ley impuesta a todo hombre. Y fue tan oprimido por el mal, que nunca, desde que vino al mundo había estado más enfermo. He aquí la cuenta exacta de los estados de vida de José, el justo. Vivió cuarenta años antes de casarse. Su mujer estuvo bajo su protección cuarenta y nueve años, hasta que murió. Un año después de su muerte, le fue confiada mi madre, la casta María, por los sacerdotes, para que la guardase hasta el tiempo de su matrimonio. Vivió en su casa dos años, y durante el tercero, a los quince de su edad, me puso en el mundo por un misterio que ninguna criatura puede saber, no siendo yo, y mi Padre, y el Espíritu Santo, que existen en mí, en la unidad.

Postración material y moral de José

XV. El total de la vida de mi padre, el buen viejo, fue de ciento once años, según las órdenes de mi Padre. Y el día en que su alma dejó su cuerpo fue el 26 del mes de abib. El oro fino comenzó a transmutarse, y a alterarse la plata pura, quiero decir, su razón y su sabiduría. Olvidó el beber y el comer. Y se desvaneció, y le fue indiferente el conocimiento de su arte de carpintero. Cuando acababa de apuntar la aurora del día 26 del mes de abib, el alma del justo viejo José se agitó, según estaba él en su lecho. Abrió la boca, gimió, golpeó sus manos y gritó a gran voz:

Imprecaciones del patriarca

XVI. ¡Malhaya el día en que vine al mundo! ¡Malhaya el vientre que me llevó! ¡Malhayan las entrañas que me concibieron! ¡Malhayan los pechos que me amamantaron! ¡Malhaya las piernas en que me apoyé! ¡Malhayan las manos que me han conducido hasta que fui mayor, porque he sido concebido en la iniquidad, y mi madre me ha deseado en el pecado! ¡Malhayan mi lengua y mis labios que han proferido la calumnia, la detracción, la mentira, el error, la impostura, el fraude, la hipocresía! ¡Malhayan mis ojos, que han visto el escándalo! ¡Malhayan mis oídos, que han gustado de oír la maledicencia! ¡Malhayan mis manos, que han tomado lo que no era legítimamente suyo! ¡Malhayan mi vientre, que ha comido lo que no era lícito comer! ¡Malhayan mi garganta, que, como el fuego, devora cuanto halla! ¡Malhayan mis pies, que han ido por caminos que no eran los de Dios! ¡Mal-hayan mi cuerpo y mi triste alma, que se han apartado del Dios que los creó! ¿Y qué haré cuando parta para el lugar en que compareceré ante el juez justo, que me reprochará todas las obras protervas que he acumulado durante mi juventud? ¡Malhaya todo hombre que muere en el pecado! En verdad, esta hora es terrible, la misma que se abatió sobre mi padre Jacobo, cuando su alma se separó de su cuerpo, y he aquí que se abate hoy sobre mí, desgraciado yo. Pero aquel que gobierna mi alma y mi cuerpo es Dios, cuya voluntad se cumple en ellos.

Plegaria de José a Jesús

XVII. Así habló José, el piadoso anciano. Y yo fui a él y hallé su alma muy turbada y puesta en extrema angustia. Y le dije: Salud, ¡oh mi padre José, el hombre justo! ¿Cómo te encuentras? Y dijo él: Salud a ti muchas veces, ¡oh mi querido hijo! He aquí que los dolores de la muerte me han rodeado. Mas mi alma se ha apaciguado, al oír tu voz, ¡oh mi defensor Jesús! ¡Jesús, Salvador mío! ¡Jesús, refugio de mi alma! ¡Jesús, mi protector! ¡Jesús, nombre dulce a mi boca y a la boca de aquellos que lo aman! Ojo que ves y oído que oyes, atiende a tu servidor, que se humilla y llora ante ti! Tú eres mi dueño, como el ángel me ha dicho muchas veces, y sobre todo el día en que mi corazón dudaba, con malos pensamientos, de la pura y bendita virgen María, cuando ella concibió y yo pensé en repudiarla secretamente. Y cuando pensaba así, he aquí que los ángeles del Señor se me aparecieron por un misterio oculto, diciéndome: José, hijo de David, no temas recibir a María tu esposa, no te disgustes, ni pronuncies sobre su embarazo una palabra desentonada, que ella está encinta por obra del Espíritu Santo, y pondrá en el mundo un hijo, cuyo nombre será Jesús. Y salvará a su pueblo de sus pecados. No me tengas rencor por eso, Señor, porque yo no conocía el misterio de tu nacimiento. Yo recuerdo, Señor, el día en que la serpiente mordió a aquel niño, que murió por efecto de ello. Los suyos querían entregarte a Herodes, y decían: Eres tú quien lo has matado. Y tú lo resucitaste de entre los muertos. Y yo fui, y tomé tu mano, y dije: Hijo, ten cuidado. Y tú me respondiste: ¿No eres mi padre según la carne? Ya te enseñará quién soy yo. No te irrites ahora, mi Señor y mi Dios, contra mí a causa de aquel momento. No me juzgues, pues soy tu esclavo y el hijo de tu servidor. Tú eres mi Señor y mi Dios, mi Salvador y el Hijo de Dios verdadero.

Congojas de María

XVIII. Así habló mi padre José, y no tenía fuerza para llorar. Y vi que la muerte se apoderaba de él. Mi madre, la virgen pura, se levantó, se acercó, y me dijo: ¡Hijo querido, va, pues, a morir el piadoso viejo José! Yo le dije: ¡Oh madre querida, todas las criaturas nacidas en este mundo han de morir, porque la muerte está impuesta a todo el género humano! Tú misma, virgen y madre mía, morirás, como todos. Pero tu muerte, como la de este piadoso anciano, no será muerte, sino vida perpetua para la eternidad. Yo también es preciso que muera, en este cuerpo que he tomado de ti. Mas, álzate ¡oh mi madre purísima!, y vete cerca de José, el viejo bendito, para ver lo que ocurre durante su ascensión.

Jesús conforta a su madre

XIX. María, mi madre purísima, fue adonde estaba José, mientras yo me sentaba a sus pies. Lo miré, y vi que los signos de la muerte habían aparecido sobre su rostro. El anciano bendito alzó la cabeza, y me miró fijamente. No podía hablar, por los dolores de la muerte, que lo rodeaban. Pero gemía mucho. Le tuve las manos durante una hora..., mientras me miraba y me hacía señas de que no lo abandonase. Puse mi mano en su corazón, y encontré que su alma estaba próxima a su palacio, y que se preparaba a abandonar su cuerpo.

Duelo de los hijos de José

XX. Cuando mi madre, la Virgen, me vio tocar su cuerpo, le tocó ella los pies, y los halló ya muertos y sin calor. Y me dijo: ¡Oh hijo querido, he aquí que sus pies están fríos como la nieve! Y llamó a los hijos e hijas de José y les dijo: Venid todos, porque su hora ha llegado. Asia, hija de José, respondió diciendo: ¡Malhaya yo, hermanos míos! Es la enfermedad de mi madre querida. Clamó y lloró, y todos los hijos de José lloraron. Y yo y mi madre María lloramos con ellos.

Visión de muerte

XXI. Y miré hacia el mediodía y vi a la muerte, seguida del infierno, y de las milicias que lo acompañan, y de sus acólitos. Sus vestidos, sus rostros y sus bocas arrojaban llamas. Cuando mi padre José los vio avanzar hacia sí, sus ojos se humedecieron, y en este momento gimió mucho. Y, al oírlo yo suspirar tanto, rechacé a la muerte y a los servidores que la acompañaban, y clamé a mi buen Padre, diciéndole:

Oración de Jesús

XXII. ¡Oh Señor de toda clemencia, ojo que ve y oído que oye, escucha mi clamor y mi demanda por el buen anciano José, y envía a Miguel, jefe de tus ángeles, y a Gabriel, mensajero de la luz, y a todos los ejércitos de tus ángeles y a sus coros, para que acompañen hasta ti el alma de mi padre José. Es la hora en que mi padre necesita misericordia. Y yo os digo, mis discípulos, que todos los santos, y cuantos nacen en este mundo, justos o pecadores, deben por precisión pasar por el trance de la muerte.

Llegada de dos ángeles a la habitación mortuoria

XXIII. Miguel y Gabriel se llegaron al alma de mi padre José. La tomaron y la envolvieron en un hábito luminoso. Y él entregó el alma en manos de mi buen Padre, que le dio la salvación y la paz. Y ninguno de los hijos de José notó que había muerto. Los ángeles guardaron su alma contra los demonios de las tinieblas, que estaban en el camino. Y los ángeles loaron a Dios hasta que hubieron conducido a José a la mansión de los justos.

Jesús cierra los ojos al muerto

XXIV. Y su cuerpo quedó yacente y frío. Posé mi mano en sus ojos, y los cerré. Y cerré su boca, y dije a María, la Virgen: ¡Oh madre mía! ¿Y dónde está la profesión que ejerció tanto tiempo? Ha pasado como si nunca hubiese existido. Y, cuando sus hijos me oyeron hablar así con mi madre, comprendieron que José había muerto, y clamaron y sollozaron. Mas yo les dije: La muerte de nuestro padre no es muerte, sino vida eterna, porque lo ha separado de los trabajos de este mundo, y lo ha llevado al reposo que dura siempre. Y, al oír esto, sus hijos desgarraron sus vestiduras y rompieron a llorar.

Los habitantes de Galilea lloran al patriarca

XXV. Y he aquí que el pueblo de Nazareth y de Galilea oyó los gritos, y acudió, y lloró desde la hora de tercia hasta la de nona. Y a la de nona cada uno se fue a su hogar. Y llevaron el cuerpo, después de embalsamarlo con costosos perfumes. Y yo imploré a mi Padre con la plegaria de los habitantes del cielo, esa plegaria que escribí con mi mano antes de ser concebido en el seno de la Virgen, mi madre. Y, cuando hube acabado, y dicho el amén, vinieron ángeles en gran número. Y dije a dos de ellos que envolvieran en un manto luminoso el cuerpo de José, el anciano bendito.

Institución de la festividad de José

XXVI. Y le dije: La fetidez de la muerte no tendrá poder sobre ti. Ni miasmas ni gusanos saldrán jamás de tu cuerpo. Ni uno solo de tus huesos se quebrantará. Ni un cabello de tu cabeza se alterará. Nada de tu cuerpo perecerá, ¡oh mi padre José!, sino que permanecerá intacto hasta los mil años. A todo hombre que piense hacerte una oferta el día de tu conmemoración lo bendecirá, y lo indemnizaré en la congregación de los primogénitos que están alistados en los cielos: Quien en tu nombre nutra con el trabajo de sus manos a los pobres, y a las viudas, y a los huérfanos, en el día de tu conmemoración, no carecerá de nada en ningún día de su vida. A quien en tu nombre dé a beber un vaso de agua o de vino a una viuda o a un huérfano, yo te lo entregaré, para que tú lo introduzcas en el banquete de los mil años. Todo el que pensara en hacer una ofrenda el día de tu conmemoración, será bendito por mí, y le daré 30, 60 y 100 por uno. El que escriba tu historia, tus trabajos y tu partida de este mundo y el discurso que ha salido de mi boca, yo te lo daré en este mundo. Y, cuando su alma salga de su cuerpo, y deje este mundo, yo quemaré el libro de sus pecados, y no lo pondré en tortura el día del juicio. Y atravesará sin dolor ni fatiga el mar de fuego. Y lo que debe hacer todo hombre pobre que no pueda hacer lo que he indicado es, si le nace un hijo, que lo llame José, y no tendrá nunca en su casa muerte súbita.

Funerales de José

XXVII. Y los jefes de la población vinieron adonde estaba el cuerpo de José, el viejo bendito. Llevaban lienzos, y quisieron amortajarlo, como es costumbre entre los judíos, pero hallaron hecho su amortajamiento, y cuando quisieron desenvolverlo, hallaron que la mortaja le estaba adherida como con hierro, y no encontraron extremos en el lienzo. Luego lo llevaron a una caverna. Y abrieron la puerta, para depositar su cuerpo junto al de sus padres. Y yo recordé el día en que partió conmigo para Egipto, y los muchos trabajos que soportó por mi causa. Y lloré sobre él largo tiempo e, inclinándome sobre su cuerpo, dije:

Misión de la muerte

XXVIII. ¡Oh muerte, que aniquilas toda inteligencia, y que siembras tantas lágrimas y tantos lamentos! ¡Es, no obstante, Dios, mi Padre, quien te ha dado ese poder! Por su transgresión, murieron Adán y Eva. Y la muerte no ha sido suprimida o eludida por nadie. Y, sin embargo, no hace nada sin la orden del Padre. Hombres hubo que vivieron novecientos años y murieron. Otros vivieron más, y murieron. Ni uno solo de ellos ha dicho: Yo no he gustado la muerte. Porque el Señor no prepara a cada instante el castigo de cada uno, sino una vez solamente. En esta hora, mi Padre la envía hacia el hombre. Y, cuando se le acerca, considera la orden que le viene del cielo, diciendo: La he acometido con ímpetu, y su alma será pronto arrastrada. Y se apodera de esa alma y hace lo que quiere de ella. Y porque Adán transgredió el mandato de mi Padre, mi Padre se irritó contra él, y lo condenó a muerte, y la muerte entró en el mundo. Si Adán hubiese obedecido a mi Padre, la muerte no hubiera nunca sido su destino. ¿Pensáis que no hubiera yo podido pedir a mi Padre, y que él no me enviaría un carro de fuego que llevase el cuerpo de mi padre José al lugar de reposo, donde habitaría con los seres espirituales? Mas, por la transgresión de Adán, el trabajo y el dolor de la muerte han sido decretados contra todo el género humano. Y por esta razón, preciso es que también yo muera corporalmente, para que esos seres creados por mí alcancen misericordia.

Adiós de Jesús a José

XXIX. Cuando hube dicho esto, abracé el cuerpo de mi padre José, y lloré sobre él. Y abrieron la puerta del sepulcro y depositaron su cuerpo junto al de su padre, Jacobo. Y entró en el reposo cuando acababa de cumplir su año ciento once. Ni un solo diente de su boca había sufrido, su mirada no se alteró, su talle no se encorvó, su fuerza no amenguó, sino que practicó su oficio hasta el día de su muerte, que fue el 26 de abib.

Duda de los apóstoles

XXX. Y nosotros, los apóstoles, después de haber oído a nuestro Salvador, nos regocijamos, y lo adoramos, diciendo: ¡Oh Salvador nuestro, concédenos tu gracia! Acabamos de oír la palabra de vida, pero nos sorprende que, habiéndose dado a Enoch y a Elías el don de no morir, y de habitar hasta ahora en la mansión de los justos, sin que sus cuerpos sufran corrupción, al anciano José, el carpintero, tu padre carnal, de quien nos has dicho que refiramos su tránsito al otro mundo, cuando prediquemos el Evangelio a los pueblos; que le dediquemos cada año un día de fiesta santificada; que incurriremos en falta, si ponemos o quitamos la menor tilde a tu narración; y que, el día de tu nacimiento en Bethlehem, te llamó hijo suyo: nos sorprende, repetimos, que a tan sublime varón no lo hayas hecho inmortal como a aquellos otros dos, afirmando, como afirmas, que era un justo y un elegido, al mismo tenor que ellos.

Ley universal de la muerte

XXXI. Mas nuestro Señor repuso: La profecía de

mi Padre se cumplió en Adán por su desobediencia. Y la voluntad de mi Padre se realiza en cuanto le place. Ahora bien: cuando el hombre desatiende el mandato de Dios y sigue las obras de Satanás, cometiendo pecado, si su vida se prolonga, es con la esperanza de que se arrepienta, y aprenda que debe caer en las garras de la muerte. Y, si se prolonga la vida de un hombre bueno, los hechos de su vejez se hacen notorios y los demás hombres buenos los imitan. Si veis un hombre irascible, sabed que sus días serán abreviados. Con relación a aquellos que son llevados en lo mejor de sus días, todas las profecías de mi Padre dominan a los hijos de los hombres hasta que se cumplen puntualmente. Y, en lo que concierne a Enoch y a Elías, como viven hasta ahora en el cuerpo en que nacieron, y como, por otra parte, mi padre José no ha quedado como ellos conservando cuerpo, yo os contesto que el hombre, aunque viva miríadas de años, debe morir. Y yo os digo, hermanos míos, que aquéllos, al fin de los tiempos, al llegar el día de la conmoción, la turbación y la angustia, vendrán al mundo y morirán. Porque el Anticristo matará a los cuatro hombres y verterá su sangre como un vaso de agua, a causa de la vergüenza que le causaron, cubriéndolos públicamente de confusión.

Anuncio de los tiempos últimos

XXXII. Y dijimos: ¡Oh Señor, nuestro Salvador y nuestro Dios! ¿Y quiénes son esos cuatro que habéis dicho que el Anticristo matará por sus reproches? Y dijo el Salvador: Son Enoch, Elías, Sila y Tabitha. Y, cuando hubimos oído este discurso del Salvador, nos regocijamos, nos exaltamos, y dirigimos todas nuestras alabanzas y todas nuestras acciones de gracias a nuestro Señor, a nuestro Dios y a nuestro Salvador Jesucristo, aquel a quien convienen la gloria, el honor, la dominación, la potencia y la alabanza, y con él a su Padre supremamente bueno y al Espíritu Santo vivificador, ahora y en todos los tiempos y por los siglos de los siglos. Amén.

9
HISTORIA DE JOSÉ EL CARPINTERO

(REDACCIÓN COPTA)

Introito

He aquí el relato del fallecimiento de nuestro santo padre José, padre del Cristo según la carne, y que vivió ciento once años. En el monte de los Olivos nuestro Salvador refirió a los apóstoles su vida por entero. Y los mismos apóstoles escribieron sus palabras, y las depositaron en la Biblioteca de Jerusalén. Y el día en que el santo anciano abandonó su cuerpo, en la paz de Dios, fue el 26 del mes de epifi.

Discurso de Jesús a los apóstoles

I. Y llegó un día en que, hallándose nuestro buen Señor sentado en el monte de los Olivos y sus discípulos reunidos en torno suyo, les habló en estos términos: Queridos hermanos, hijos de mi buen Padre, vosotros, a quienes Él ha elegido para heraldos suyos entre el mundo entero, sabéis bien cuán a menudo os he predicho que seré crucificado; que gustará la muerte por todos; que resucitará de entre los muertos; que os daré el encargo de predicar el Evangelio, a fin de que lo anunciáis en el mundo entero; que os investiré de una fuerza venida de lo alto, y que os llenará del Espíritu Santo, para que prediquéis a todas las naciones, diciéndoles: Haced penitencia, porque más vale al hombre hallar un vaso de agua en la vida venidera que gozar en ésta de todos los bienes del mundo y, además, el lugar que ocupa la planta de un pie en el reino de mi Padre vale más que todas las riquezas de este mundo y, a más, una hora de los justos que se regocijan vale más que cien años de los pecadores que lloran y se lamentan. Así, pues, ¡oh mis miembros gloriosos!, cuando vayáis entre los pueblos, dirigidles esta enseñanza: Con balanza justa y justo peso mi Padre pesará vuestra conducta. Una sola palabra que hayáis dicho os será examinada. Así como no hay medio de escapar a la muerte, tampoco lo hay de escapar a nuestros actos buenos o malos. Mas cuanto yo os he dicho termina en esto: el fuerte no se puede salvar por su fuerza, ni el hombre por la multitud de sus riquezas. Y escuchad ahora, que os contaré la historia de mi padre José, el viejo carpintero, bendito de Dios.

Viudedad de José

II. Había un hombre llamado José, natural de la villa de Bethlehem, la de los judíos, que es la villa del rey David. Era muy instruido en la sabiduría y en el arte de la construcción. Este hombre llamado José desposó a una mujer en la unión de un santo matrimonio, y le dio hijos e hijas: cuatro varones y dos hembras. He aquí sus nombres: Judá, Josetos, Jacobo y Simeón. Los nombres da las muchachas eran Lisia y Lidia. Y la mujer de José murió, según ley de todo nacido, dejando a su hijo Jacobo de corta edad. Y José, varón justo, glorificaba a Dios en todas sus obras. E iba fuera de su villa natal a ejercer el oficio de carpintero, con dos de sus hijos, porque vivían del trabajo de sus manos, según la ley de Moisés. Y este hombre justo de que hablo es mi padre carnal, a quien mi madre María fue unida como esposa.

María es presentada en el templo

III. Mientras mi padre José vivía en viudedad, María, mi madre, buena y bendita en todo modo, estaba en el templo, consagrada a su servicio en la santidad. Tenía entonces la edad de doce años y había pasado tres en la casa de sus padres y nueve en el templo del Señor. Viendo los sacerdotes que la Virgen practicaba el ascetismo, y que permanecía en el temor del Señor, deliberaron entre sí y se dijeron: Busquemos un hombre de bien para desposarla, no sea que el caso ordinario de las mujeres le ocurra en el templo y seamos culpables de un gran pecado.

Elección de José para esposo tutelar de María

IV. Por entonces convocaron a la tribu de Judá, que habían elegido entre las doce, echando a suertes. Y la suerte correspondió al buen viejo José, mi padre carnal. Y los sacerdotes dijeron a mi madre, la Virgen bendita: Vete con José y obedécele, hasta que llegue el tiempo en que efectúes el casamiento. Mi padre José acogió a María en su casa, y ella, encontrando al pequeño Jacobo con la tristeza del huérfano, se encargó de educarlo, y por esto se llamó a María madre de Jacobo. Luego que José la hubo recibido, se puso en viaje hacia el lugar en que ejercía su oficio de carpintero. Y, en su casa, María, mi madre, pasó dos años hasta que llegó el buen momento.

Concepción pura de María. Dudas y zozobras de José

V. En el catorceno año de su edad, vine al mundo de mi propia voluntad, y entré en ella, yo, Jesús, vuestra vida. Cuando llevaba tres meses encinta, el cándido José volvió de su viaje. Y, encontrando a la Virgen embarazada, se turbó, tuvo miedo y pensó despedirla en secreto. Y, a causa del disgusto, no comió ni bebió en todo aquel día.

Un ángel revela a José el misterio del embarazo de María

VI. Mas, mediada la noche, he aquí que Gabriel, el arcángel de la alegría, vino a él en una visión, por mandato de mi Padre, y le dijo: José, hijo de David, no temas admitir a María, tu esposa, porque aquel que ella parirá ha salido del Espíritu Santo. Y se le llamará Jesús, y él es quien apacentará y guiará a todos los pueblos con un cetro de hierro. Y el ángel se alejó de él, y José se levantó, hizo como el ángel le había ordenado y recibió a María junto a sí.

Empadronamiento ordenado por Augusto y viaje de la Sagrada Familia a Bethlehem

VII. Vino en seguida una orden del rey Augusto para hacer el censo de toda la población de la tierra, cada uno en su respectiva ciudad. El viejo condujo a la Virgen María, mi madre, a su villa natal de Bethlehem. Y, como ella estaba a punto de parir, él inscribió su nombre ante el escriba así: José, hijo de David, con María, su esposa, y Jesús, su hijo, de la tribu de Judá. Y mi madre María me puso en el mundo en el camino de regreso a Bethtehem, en la tumba de Raquel, mujer de Jacobo el patriarca, que fue la madre de José y de Benjamín.

Satánica decisión de Herodes y huida a Egipto

VIII. Satán dio un consejo a Herodes el Grande, padre de Arquelao, el que hizo decapitar a Juan, mi amigo y mi deudo. Y así él me buscó para matarme, imaginando que mi reino era de este mundo. José fue advertido por una visión. Se levantó, me tomó con María, mi madre, en cuyos brazos yo iba recostado, mientras que Salomé nos seguía. Partimos para Egipto. Y allí permanecimos un año, hasta que el cuerpo de Herodes fue presa de los gusanos, que lo hicieron morir en castigo de la sangre de los inocentes niños que había vertido en abundancia.

Regreso de Egipto a Galilea

IX. Y, cuando aquel pérfido e impío Herodes hubo muerto, volvimos a un pueblo de Galilea que se llama Nazareth. Mi padre José, el viejo bendito, practicaba el oficio de carpintero, y vivíamos del trabajo de sus manos. Fiel observador de la ley de Moisés, nunca comió su pan gratuitamente.

Vejez robusta y juiciosa de José

X. Y, pasado tan largo lapso, su cuerpo no estaba debilitado. Sus ojos no habían perdido la luz y ni un solo diente había perdido su boca. En ningún momento le faltó prudencia y buen juicio, antes permanecía vigoroso como un joven, cuando ya su edad había alcanzado el año ciento once.

Sumisión de Jesús a sus padres

XI. Entonces, sus hijos más jóvenes, Josetos y Simeón, tomaron mujer y se establecieron en sus casas. Sus dos hijas también se casaron, según es lícito a todo ser humano. José permaneció con Jacobo, su hijo más joven. Y, desde que la Virgen me pariera, yo había permanecido con ella en la completa sumisión que conviene a la calidad de hijo. Porque, en verdad, yo he ejecutado y hecho todas las obras humanas, fuera del pecado. Y llamaba a María «madre» y a José «padre». Y obedecía en cuanto me iban a decir. Y no les replicaba una sola palabra, sino que los amaba mucho.

Aproxímase la muerte de José

XII. Y ocurrió que la muerte de mi padre se acercó, según es ley del hombre. Cuando su cuerpo sintió la enfermedad, su ángel le advirtió: En este año morirás. Y su alma se turbó y fue a Jerusalén, al templo del Señor, y se prosternó ante el altar, diciendo:

Plegaria dirigida por José a Dios

XIII. ¡Oh, Dios, padre de toda misericordia y de toda carne, Dios de mi alma, de mi cuerpo y de mi espíritu, pues que los días de mi vida en este mundo se han cumplido, he aquí que yo te ruego, Señor Dios, envíes a mí al arcángel San Miguel, para que esté junto a mí hasta que mi pobre alma salga de mi cuerpo, sin dolor y sin turbación! Porque para todo hombre hay un gran temor que es la muerte: para el hombre y para todo animal doméstico, o para la bestia salvaje, o para el reptil, o para el pájaro, en una palabra, para toda criatura bajo el cielo, que posee un alma viviente, es un dolor y una aflicción esperar que su alma se separe de su cuerpo. Así, pues, mi Señor, que esté tu arcángel junto a mí hasta que mi alma se separe sin dolor de mi cuerpo. No permitas que el ángel que me fue dado vuelva hacia mí su róstro lleno de cólera, cuando yo esté en tu camino, y que me deje solo. No dejes que aquellos cuya faz cambia me atormenten en el camino que yo recorra hacia ti. No dejes detener mi alma por quienes guardan tu puerta, y no me confundas ante tu tribunal formidable. No desencadenes contra mí las olas del río de fuego en que todas las almas se purifican antes de ver la gloria de tu divinidad, ¡oh Dios, que juzgas a todos en verdad y en justicia! Ahora, mi Señor, reconfórteme tu misericordia, porque tú eres la fuente de todo bien. A ti sea dada gloria por la eternidad de las eternidades. Amén.

Enfermedad de José

XIV. Y se dirigió en seguida a Nazareth, la villa en que habitaba. Y sufrió la enfermedad de que debía morir, según el destino de todo hombre. Y su enfermedad era más grave que ninguna de las que había sufrido desde el día en que fue puesto en el mundo. He aquí los estados de vida de mi querido padre José. Alcanzó la edad de cuarenta años. Tomó mujer. Vivió cuarenta y nueve años con su mujer, y, cuando ésta murió, pasó un año solo. Mi madre pasó luego dos años en su casa, luego que los sacerdotes se la hubieran confiado, dándole esta instrucción: Vela por ella hasta el momento de cumplir vuestro matrimonio. Al comenzar el tercer año de vivir ella con él, y en el quinceno año de la vida de ella, me puso en el mundo por un misterio que únicamente comprendemos yo, mi Padre y el Espíritu Santo, que sólo somos uno.

Trastornos físicos y mentales de José

XV. Y el total de los días de la vida de mi padre, el bendito viejo José, fue de ciento once años, conforme a la orden que había dado mi buen Padre. El día en que dejó su cuerpo fue el 26 del mes de epifi. Entonces, el oro fino que era la carne de mi padre José comenzó a transmutarse, y la plata que eran su razón y su juicio se alteró. Olvidó el comer y el beber y se equivocaba en su oficio. Ocurrió, pues, que ese día, 26 de epifi, cuando la luz comenzaba a extenderse, mi padre José se agitó mucho sobre su lecho. Sintió un vivo temor, lanzó un profundo gemido y se puso a gritar con gran turbación, expresándose de este modo:

Trenos de José

XVI. ¡Malhaya yo en este día! ¡Malhaya el día en que mi madre me parió! ¡ Malhaya el seno en que recibí el germen de vida! ¡Malhayan los pechos cuya leche mame! ¡Malhayan las rodillas en que me he sentado! ¡Malhayan las manos que me sostenían hasta que fui mayor, para entrar en el pecado! ¡Malhayan mi lengua y mis labios, que se han empleado en la injuria, la calumnia, la detracción y el engaño! ¡Malhayan mis ojos, que han visto el escándalo! ¡Malhayan mis oídos, que han gustado de escuchar frívolos discursos! ¡Malhayan mis manos, que han tomado lo que no les pertencía! ¡Malhayan mi estómago y mi vientre, que han tomado alimentos que no les correspondían y que, si hallaban alguna cosa de comer, la devoraban más que una llama pudiera hacerlo! ¡Malhayan mis pies, que tan mal han servido a mi cuerpo, llevándolo por otras vías que las buenas! ¡Malhaya mi cuerpo, que ha tornado mi alma desierta y extraña al Dios que la creó! ¿Qué haré yo ahora? Estoy cercado por todas partes. En verdad, malhaya todo hombre que corneta pecado. En verdad que la misma turbación que yo he visto en mi padre Jacobo cuando dejó su cuerpo cae hoy sobre mí, desgraciado que soy. Pero es Jesús, mi Dios, el árbitro de mi suerte, quien cumple su voluntad en mí.

Jesús consuela a su padre

XVII. Viendo que mi padre José hablaba de tal forma, me levanté y fui hacia él, que estaba acostado, y lo hallé turbado de alma y de espíritu. Y le dije: Salud, mi querido padre José, cuya vejez es a la vez buena y bendita. Él, con gran temor de la muerte, me contestó: ¡Salud infinitas veces, mi hijo querido! He aquí que mi alma se apacigua después de escuchar tu voz. ¡Jesús, mi Señor! ¡Jesús, mi verdadero rey! ¡Jesús, mi bueno y misericordioso salvador! ¡Jesús, el liberador! ¡Jesús, el guía! ¡Jesús, el defensor! ¡Jesús, todo bondad! ¡Jesús, cuyo nombre es dulce y muy untuoso a todas las bocas! ¡Jesús, ojo escrutador! ¡Jesús, oído atento! Escúchame hoy a mí, tu servidor, que te implora, y que solloza en tu presencia. Tú eres Dios, en verdad. Tú eres, en verdad, el Señor, según el ángel me ha dicho muchas veces, sobre todo el día que mi corazón tuvo sospechas, por un pensamiento humano, cuando la Virgen bendita estaba encinta y yo me propuse despedirla en secreto. Cuando tales eran mis reflexiones, el ángel se me mostró en una visión, y me habló en estos términos: José, hijo de David, no temas recibir a María, tu esposa, porque aquel que ha de parir es salido del Espíritu Santo. No albergues ninguna duda respecto a su embarazo, porque ella parirá un niño, que llamarás Jesús. Tú eres Jesús, el Cristo, el salvador de mi alma, de mi cuerpo y de mi espíritu. No me condenes a mí, tu esclavo y obra de tus manos. Yo no sé nada, Señor, y no comprendo el misterio de tu concepción desconcertante. Nunca he oído que una mujer haya concebido sin un hombre, ni que una mujer haya parido conservando el sello de su virginidad. Yo recuerdo el día que la serpiente mordió al niño que murió. Su familia te buscó para entregarte a Herodes, y tu misericordia lo salvó. Resucitaste a aquel cuya muerte te habían achacado por calumnia, diciendo: Tú eres quien lo ha matado. Hubo una gran alegría en la casa del muerto. Yo te tomé la oreja, y te dije: Sé prudente, hijo. Y tú me reprochaste, diciendo: Si no fueses mi padre según la carne, no haría falta que te enseñase lo que acabas de hacer. Ahora, pues, ¡oh mi Señor y mi Dios!, si es para pedirme cuenta de aquel día para lo que me has enviado estos signos terroríficos, yo pido a tu bondad que no entres conmigo en disputa. Yo soy tu esclavo y el hijo de tu sierva. Si rompes mis lazos, yo te ofreceré un sacrificio de alabanza, es decir, la confesión de la gloria de tu divinidad. Porque tú eres Jesucristo, el hijo del Dios verdadero y el hijo del hombre al tiempo mismo.

Jesús consuela a su madre

XVIII. Al acabar de hablar así mi padre José, no pude contener las lágrimas, y lloraba viendo que la muerte lo dominaba y oyendo las palabras que salían de su boca. En seguida, ¡oh hermanos míos!, pensé en mi muerte en la cruz para salvar al mundo entero. Y aquella cuyo nombre es suave a la boca de quienes me aman, María, mi madre, se levantó. Y me dijo con una gran tristeza: ¡Malhaya yo, querido hijo! ¿Va, pues, a morir aquel cuya vejez es buena y bendita, José, tu padre según la carne? Yo dije: ¡Oh mi madre querida! ¿Quién de entre todos los hombres no pasará por la muerte? Porque la muerte es la soberana de la humanidad, ¡oh mi bendita madre! Tú misma morirás como todo nacido. Pero así para José, mi padre, como para ti, la muerte no será una muerte, sino una vida eterna y sin fin. Porque también yo debo necesariamente morir, a causa de la forma carnal que he revestido. Ahora, pues, ¡oh mi madre querida!, levántate para ir hacia José, el viejo bendito, a fin de que sepas el destino que le vendrá de lo alto.

Dolores y gemidos de José

XIX. Y ella se levantó. Y, dirigiéndose al lugar en que Josa estaba acostado, lo encontró cuando los signos de la muerte acababan de manifestarse en él. Yo, ¡oh mis amigos!, me senté a su cabecera, y María, mi madre, a sus pies. Él levantó los ojos hacia mi rostro. Y no pudo hablar, porque el momento de la muerte lo dominaba. Entonces alzó otra vez la vista, y lanzó un gran gemido. Yo sostuve sus manos y sus pies un largo trecho, mientras él me miraba y me imploraba, diciendo: No dejéis que me lleven. Yo coloqué mi mano en su corazón, y conocí que su alma había subido ya a su garganta, para ser arrancada de su cuerpo. No había llegado aún el instante postrero, en que la muerte debía venir, porque, si no, ya no hubiera aguardado más. Pero habían llegado ya la turbación y las lágrimas que la preceden.

Empieza la agonía del patriarca

XX. Cuando mi querida madre me vio palpar su cuerpo, ella le palpé los pies, y encontró que el calor y la respiración lo habían abandonado. Y me dijo ingenuamente: ¡Gracias, hijo mío! Desde que has posado tu mano sobre su cuerpo, el calor lo ha dejado. He aquí sus pies y sus piernas, que están frías como el hielo. Yo fui hacia sus hijos, y les dije: Venid para hablar a vuestro padre, que ahora es el momento, antes que la boca deje de hablar, y la pobre carne se vuelva fría. Entonces los hijos e hijas de José fueron a él. Y él estaba en peligro a causa de los dolores de la muerte y presto a salir de este mundo. Lisia, la hija de José, dijo a sus hermanos: Malhaya a mí, mis hermanos queridos, si éste no es el mal de nuestra madre, que no habíamos vuelto a ver hasta ahora. Igual será nuestro padre José, que no veremos nunca más. Entonces los hijos de José alzaron la voz, llorando. Yo también, y María, la Virgen, mi madre, lloramos con ellos, porque el momento de la muerte había sobrevenido.

Jesús divisa a la muerte que se acerca

XXI. Entonces miré en dirección al mediodía y divisé a la muerte. Entré en la mansión, seguida de Amenti, que es su instrumento, con el diablo seguido de sus ayudantes, vestidos de fuego, innumerables y echando por la boca humo y azufre. Mi padre José miró y vio que lo buscaban, llenos contra él de la cólera con que acostumbran a encender sus rostros contra toda alma que deja un cuerpo, especialmente contra los pecadores en quienes advierten el más mínimo signo de posesión. Cuando el buen viejo los divisó, sus ojos vertieron lágrimas. En este momento, el alma de mi buen padre José se separó, lanzando un suspiro, a la vez que buscaba medio de ocultarse, para salvarse. Cuando yo vi, por el gemido de mi padre José, que había distinguido a las potencias que nunca hasta entonces había visto, me levanté en seguida, y amenacé al diablo y a los que iban con él. Y todos se fueron en vergüenza y con gran desorden. Y, de cuantos estaban sentados en torno a mi padre José, nadie, ni aun mi madre María, conoció nada de los ejércitos terribles que persiguen a las almas de los hombres. Cuanto a la muerte, cuando vio que yo había amenazado a las potencias de las tinieblas, y las había echado fuera, tomó miedo. Y me levanté al instante, y elevé una plegaria a mi Padre Misericordioso, diciéndole:

Oración de Jesús a su Padre

XXII. ¡Oh Padre mío, raíz de toda misericordia y de toda verdad! ¡Ojo que ves! ¡Oído que oyes! Escúchame a mí, que soy tu hijo querido, y que te imploro por mi padre José, rogando que le envíes un cortejo numeroso de ángeles, con Miguel, el dispensador de la verdad, y con Gabriel, el mensajero de la luz. Acompañen ellos el alma de mi padre José, hasta que haya pasado los siete círculo; de las tinieblas. No atraviese mi padre las vías angostas por las que es terrible andar, donde se tiene el gran ea panto de ver las potencias que las ocupan, donde el río de fuego que corre en el abismo mueve sus ondas como las olas del mar. Y sé misericordioso para el alma de mi buen padre José, que va a tus manos santas, porque éste es el momento en que necesita tu misericordia. Yo os lo digo, ¡oh mis venerables hermanos, y mis apóstoles benditos!: todo hombre nacido en este mundo y que conoce el bien y el mal, después que ha pasado todo su tiempo en la concupiscencia de sus ojos, necesita la piedad de mi buen Padre cuando llega el momento de morir, de franquear el pasaje, de comparecer ante el Tribunal Terrible y de hacer su defensa. Pero vuelvo al relato de la salida del cuerpo de mi buen padre José.

José expira

XXIII. Y, cuando la agonía llegaba a su término último y mi padre iba a rendir el alma, lo abracé. Y apenas dije el amén, que mi querida madre repitió en la lengua de los habitantes del cielo, se presentaron Miguel y Gabriel, con el coro de los ángeles, y se colocaron cerca del cuerpo de mi padre José. En este momento la rigidez y la opresión lo abrumaban en extremo, y comprendí que el instante próximo y su premio habían llegado, porque el cuerpo era presa de dolores parecidos a los que preceden al parto. La agonía lo acosaba, tal que una violenta tempestad o un enorme fuego que devora gran cantidad de materias inflamables. Cuanto a la muerte misma, el miedo no le permitía entrar en el cuerpo de mi querido padre José, para separarlo de su alma, porque, al mirar el interior de la habitación, me encontró sentado cerca de su cabeza y con mi mano en sus sienes. Y, cuando advertí que la intrusa vacilaba en entrar por mi causa, me levanté, me puse detrás del umbral y encontré a la muerte, que esperaba sola y poseída de un gran temor. Y le dije: ¡Oh tú, que has llegado de la región del mediodía, entra pronto a cumplir lo que mi Padre te ha ordenado! Pero vela por José como por la luz de tus ojos, porque es mi padre según la carne y ha sufrido por mí mucho, desde los días de mi niñez, huyendo de un sitio a otro, a causa del perverso propósito de Herodes. Y he recibido sus lecciones, como todos los hijos cuyos padres acostumbran a instruirlos para su bien. Y entonces Abbatón entró y tomó el alma de mi padre José, y la separó de su cuerpo, en el punto y hora en que el sol iba a despuntar en su órbita, el 12 del mes de epifi. Y el total de los días de la vida de mi querido padre José fue de ciento once años. Y Miguel tomó los dos extremos de una mortaja de seda preciosa, y Gabriel tomó los otros dos. Y tomaron el alma de mi querido padre José, y la depositaron en la mortaja. Y ninguno de los que se hallaban cerca del cuerpo de mi padre conoció que había muerto, y mi madre Maria, tampoco. Y mandé a Miguel y a Gabriel que velasen el cuerpo de José, a causa de los raptores que pululaban por los caminos, y que los ángeles incorporales, cuando salieran de la casa con el cadáver, continuasen cantando en su ruta, hasta conducir el alma a los cielos, cerca de mi buen Padre.

Jesús consuela a los hijos de José

XXIV. Y volví cerca del cuerpo de mi padre José, que yacía como un cesto. Le bajé los ojos y se los cerré, así como la boca, y quedé contemplándolo. Y dije a la Virgen: Oh María, ¿qué se hicieron los trabajos del oficio que José realizó desde su infancia hasta ahora? Todos han pasado en un solo momento. Es como si no hubiese venido nunca al mundo. Cuando sus hijos e hijas me oyeron decir esto a María, mi madre, me dijeron con profusión de lágrimas: Malhaya nosotros, ¡oh nuestro Señor! Nuestro padre ha muerto, ¡y nosotros no lo sabíamos! Yo les dije: En verdad, ha muerto. Mas la muerte de José, mi padre, no es una muerte, sino una vida para la eternidad. Grandes son los bienes que va a recibir mi muy amado José. Porque desde que su alma ha dejado su cuerpo, todo dolor ha cesado para él. Está en el reino de los cielos por toda la eternidad. Ha dejado tras sí este mundo de penosos deberes y de vanos cuidados. Ha ido a la morada de reposo de mi Padre, que está en los cielos, y que nunca será destruida. Cuando yo hube dicho a mis hermanos: Ha muerto vuestro padre José, el viejo bendito, se levantaron, desgarraron sus vestiduras, y lloraron mucho rato.

Duelo en la ciudad de Nazareth

XXV. Entonces, todos los de la ciudad de Nazareth y de toda la Galilea, al oír el duelo, se reunieron en el lugar en que estábamos, según costumbre de los judíos. Y pasaron todo el día llorando, hasta la hora novena. A la hora novena, hice salir a todos. Vertí agua sobre el cuerpo de mi amado padre José, lo ungí en aceite perfumado, y rogué a mi Padre, que está en los cielos, con las plegarias celestes que escribí con mis propios dedos cuando aún no había encarnado en la Virgen María. Y, al decir yo amén, muchos ángeles llegaron. Di orden a dos de ellos de extender una vestidura, e hice levantar el cuerpo bendito de mi buen padre José para amortajarlo con ella.

Palabras de bendición de Jesús sobre el cadáver de su padre

XXVI. Y puse mi mano en su corazón, diciendo: Nunca el olor fétido de la muerte se apodere de ti. No oigan tus oídos nada malo. No invada la corrupción tu cuerpo. No se vea atacada tu mortaja por la tierra, ni se separe de tu cuerpo, hasta que lleguen los mil años. No se caigan los cabellos de tu cabeza, esos cabellos que yo he tomado tantas veces con mis manos, ¡oh mi buen padre José! Y la dicha sea contigo. A los que den una ofrenda a tu santuario el día de tu conmemoración, que es el 26 del mes de epifi, yo los bendeciré con un don celestial que se les hará en los cielos. Quien, en tu nombre, ponga un pan en la mano de un pobre no dejaré que carezca de los bienes de este mundo, mientras viva. Quienes lleven una copa de vino a los labios de un extranjero, o de un huérfano, o de una viuda, en el día de tu conmemoración, yo se lo haré presente, para que tú los lleves al banquete de los mil años. Los que escriban el libro de tu tránsito, según lo he contado hoy con mi boca, por mi salud, ¡oh mi padre José!, que los tendré presentes en este mundo, y, cuando dejen su cuerpo, yo romperé la cédula de sus pecados, para que no sufran ningún tormento, salvo la angustia de la muerte y el río de fuego que purifica toda alma ante mi Padre. Y, cuando un hombre pobre, no pudiendo hacer lo que yo he dicho, engendre un hijo y le llame José, para glorificar tu nombre, ni hambre, ni epidemia entrarán en su mansión, porque tu nombre estará allí.

Honras fúnebres

XXVII. En seguida, los notables de la población fueron al sitio en que estaba depositado el cuerpo de mi padre, acompañados de los acólitos de los funerales, y con objeto de amortajar su cuerpo según los ritos judíos. Y lo encontraron amortajado ya. El lienzo se había unido a su cuerpo como con grapas de hierro. Y, cuando lo movieron, no hallaron la abertura de su mortaja. Entonces, lo llevaron a la tumba. Y, cuando lo hubieron puesto a la entrada de la caverna para abrir la puerta y depositarlo entre sus padres, recordé el día en que partió conmigo para Egipto y las tribulaciones que por mí sufrió, y me extendí sobre su cuerpo, y lloré sobre él, diciendo:

Reflexiones de Jesús sobre la muerte

XXVIII. ¡Oh muerte, que causas tantas lágrimas y lamentos! ¡Es, sin embargo, Aquel que domina todas las cosas quien te ha dado ese poder sorprendente! Pero el reproche no alcanza tanto a la muerte como a Adán y a su mujer. La muerte no hace nada sin orden de mi Padre. Ha habido hombres que han vivido novecientos años antes de morir, y muchos otros han vivido más aún, sin que nadie entre ellos haya dicho que ha visto la muerte, ni que ésta viniese por intervalos a atormentar a cualquiera. Es que no atormenta a los hombres más que una vez, y esta vez es mi buen Padre quien la envía al hombre. Cuando viene hacia él, es porque oye la sentencia que parte del cielo. Si la sentencia llega cargada de cólera, también con cólera llega la muerte para llevar el alma a su Señor. La muerte no tiene el poder de llevar el alma al fuego o al reino de los cielos. La muerte cumple la orden de Dios. Adán, al contrario, no cumplió la orden de mi Padre, sino que cometió una transgresión. Y la cometió, hasta irritar a mi Padre contra él, obedeciendo a su mujer y desobedeciendo a Dios, de modo que atrajo la muerte sobre toda alma viviente. Si Adán no hubiese desobedecido a mi buen Padre, no hubiese atraído la muerte sobre él. ¿Qué es, pues, lo que me impide rogar a mi buen Padre para que envíe un carro luminoso, donde yo pondría a mi padre José, sin que gustase la muerte, para hacerlo conducir, con la carne en que fue engendrado, hacia un lugar de reposo, con los ángeles incorpóreos? Mas por la transgresión de Adán, sobre la humanidad entera ha venido la gran angustia de la muerte. Y yo mismo, pues que revisto esta carne, debo gustar la muerte por las criaturas que he creado, para serles misericordioso.

Enterramiento de José

XXIX. Mientras yo hablaba así, y abrazaba a mi padre José, llorando sobre él, ellos abrieron la puerta de la tumba y depositaron su cuerpo junto al de Jacobo, su padre. Su fin ocurrió en su año ciento once. Ni un solo diente se perdió en su boca, ni sus ojos se oscurecieron, sino que su mirada era como la de un niñito. Nunca perdió su vigor, sino que practicó su oficio de carpintero hasta el día en que lo atacó la enfermedad de que debía morir.

Una objeción hecha a Jesús por sus discípulos

XXX. Nosotros, los apóstoles, oyendo estas palabras de la boca de nuestro Salvador, nos regocijamos. Nos lenvantamos, y adoramos sus manos y sus pies con júbilo, diciendo: Gracias te damos, ¡oh nuestro buen Salvador!, por habernos hecho dignos de oír de tu boca, Señor, palabras de vida. Sin embargo, nos asombras, ¡oh nuestro buen Salvador! Puesto que concediste la inmortalidad a Enoch y a Elías, y puesto que hasta ahora están rodeados de bienes, y conservan la carne en que han nacido, y que no ha conocido corrupción, este viejo bendito José, el carpintero, a quien has hecho tan gran honor, que has llamado tu padre, y a quien obedeciste en todo, aquel a cuyo propósito nos has dado instrucciones diciendo: Cuando yo os invista de poder, cuando envíe hacia vosotros a aquel que es prometido por mi Padre, es decir, el Paráclito, el Espíritu Santo, para enviaros a predicar el Santo Evangelio, predicaréis también a mi padre José; y a más: Decir estas palabras de vida en el testamento de su tránsito; y aun: Leed este testamento los días de fiesta y sagrados; y en fin: Aquel que corte o añada palabras de este testamento, de modo que me ponga por embustero, sufrirá mi santa venganza: después de todo esto, nos sorprende que lo hayas llamado tu padre carnal y que, no obstante, no le hayas prometido la inmortalidad, para hacerlo vivir eternamente.

Respuesta de Jesús

XXXI. Nuestro Salvador contestó, y nos dijo: La sentencia que mi Padre dicté contra Adán no será nunca baldía, por cuanto desobedeció sus mandatos. Cuando mi Padre ordena que un hombre sea justo, éste se convierte en su elegido. Cuando el hombre ama las obras del diablo, por su voluntad de hacer el mal, si Dios lo deja vivir largo tiempo, ¿no sabe que caerá en las manos de Dios, si no hace penitencia? Pero, cuando alguien llega a una edad avanzada entre buenas acciones, son sus obras las que hacen de él un anciano. Cada vez que Dios ve que un hombre corrompe su carne en su camino sobre la tierra, acorta su existencia, como hizo con Ezequías. Toda profecía dictada por mi Padre debe cumplirse por entero. Me habéis hablado de Enoch y Elías, diciendo: Viven en la carne en que han nacido, y respecto a José mi padre según la carne, diciendo: ¿Por qué no lo has dejado en su carne hasta ahora? Pero, aunque hubiese vivido diez mil años, habría debido morir. Yo os lo digo, ¡oh mis miembros santos!, que cada vez que Enoch o Elías piensan en la muerte hubieran querido morir, para librarse de la gran angustia en que se encuentran. Porque deben morir en un día de terror, de clamor, de aflicción y de amenaza. En efecto: el Anticristo matará a estos dos hombres, vertiendo su sangre sobre la tierra como un vaso de agua, a causa de las afrentas que le hicieron sufrir rechazándolo.

Gozoso aquietamiento de los apóstoles

XXXII. Nosotros respondimos diciéndole: Oh nuestro Señor y nuestro Dios, ¿qué hombres son ésos que habéis dicho que el hijo de la perdición matará por un vaso de agua? Jesús, nuestro Salvador y nuestra vida, nos dijo: Son Enoch y Elías. Y, mientras nuestro Salvador nos decía estas cosas, fuimos presa de gran gozo. Y le rendimos gracias y alabanzas a él, nuestro Señor y nuestro Dios, nuestro Salvador Jesucristo, aquel por quien toda loanza conviene al Padre, a él mismo y al Espíritu vivificador, ahora y en todos los tiempos y hasta la eternidad de todas las eternidades. Amén.

10
EVANGELIO DE NICODEMO

Hechos de Pilatos (Acta Pilati)
Acusado por los príncipes de los judíos, Jesús comparece ante Pilatos realizado a su entrada en el pretorio

I *1.* Yo, Emeo, israelita de nación, doctor de la ley en Palestina, intérprete de las Divinas Escrituras, lleno de fe en la grandeza de Nuestro Señor Jesucristo, revestido del carácter sagrado del santo bautismo, e investigador de las cosas que acaecieron, y que hicieron los judíos, bajo la gobernación de Cneo Poncio Pilatos, trayendo a la memoria el relato de esos hechos, escrito por Nicodemo en lengua hebrea, lo traduje en lengua griega, para darlo a conocer a todos los que adoran el nombre del Salvador del mundo.

2. Y lo he hecho bajo el imperio de Flavio Teodosio, en el año decimoctavo de su reinado y bajo Valentiniano.

3. Y os suplico a cuantos leáis tales cosas, en libros griegos o latinos, que oréis por mí, pobre pecador, a fin de que Dios me sea favorable y que me perdone todas las culpas que haya cometido. Con lo cual, y deseando paz a los lectores, y salud a los que entiendan, termino mi prefacio.

4. Lo que voy a contar ocurrió el año decimoctavo del reinado de Tiberio César, emperador de los romanos, y de Herodes, hijo de Herodes, monarca de Galilea, el año decimoctavo de su dominación, el ocho de las calendas de abril, que es el día 25 del mes de marzo, bajo el consulado de Rufino y de Rubelión, el año IV de la olimpíada 202, cuando Josefo y Caifás eran grandes sacerdotes de los judíos. Entonces escribió Nicodemo, en lengua hebrea, todo lo sucedido en la pasión y en la crucifixión de Jesús.

5. Y fue que varios judíos de calidad, Anás, Caifás, Sommas, Dathan, Gamaliel, Judas, Levi, Nephtalim, Alejandro, Siro y otros príncipes visitaron a Pilatos, y acusaron a Jesús de muchas cosas malas, diciendo: Nosotros lo conocemos por hijo de José el carpintero y por nacido de María. Sin embargo, él pretende que es hijo de Dios y rey de todos los hombres, y no sólo con palabras, mas con hechos, profana el sábado y viola la ley de nuestros padres.

6. Preguntó Pilatos: ¿Qué es lo que dice, y qué es lo que quiere disolver en vuestro pueblo?

7. Y los judíos contestaron: La ley, confirmada por nuestras costumbres, manda santificar el sábado y prohíbe curar en este día. Mas Jesús, en él, cura ciegos, sordos, cojos, paralíticos, leprosos, poseídos, sin ver que ejecuta malas acciones.

8. Pilatos repuso: ¿Cómo pueden ser malas acciones ésas?

9. Y ellos replicaron: Mago es, puesto que por Beelzebuh, príncipe de los demonios, expulsa los de-

monios, y por él también todas las cosas le están sometidas.

10. Dijo Pilatos: No es el espíritu inmundo quien puede expulsar los demonios, sino la virtud de Dios.

11. Pero uno de los judíos respondió por todos: Te rogamos hagas venir a Jesús a tu tribunal, para que lo veas y lo oigas.

12. Y Pilatos llamó a un mensajero y le ordenó: Trae a Jesús a mi presencia y trátalo con dulzura.

13. Y el mensajero salió, y habiendo visto a Jesús, a quien muy bien conocía, tendió su manto ante él y se arrojó a sus pies, diciéndole: Señor, camina sobre este manto de tu siervo, porque el gobernador te llama.

14. Viendo lo cual, los judíos, llenos de enojo, se dirigieron en son de queja a Pilatos, y le dijeron: Debieras haberlo mandado traer a tu presencia no por un mensajero, sino por la voz de tu heraldo. Porque el mensajero, al verlo, lo adoró, y extendió ante Jesús su manto, rogándole que caminase sobre él.

15. Y Pilatos llamó al mensajero y le preguntó: ¿Por qué obraste así?

16. El mensajero, respondiendo, dijo: Cuando me enviaste a Jerusalén cerca de Alejandro, vi a Jesús caballero sobre un asno y a los niños de los hebreos que, con ramas de árbol en sus manos, gritaban: Salve, hijo de David. Y otros, extendiendo sus vestidos por el camino, decían: Salud al que está en los cielos. Bendito el que viene en nombre del Señor.

17. Mas los, judíos respondieron al mensajero, exclamando: Aquellos niños de los hebreos se expresaban en hebreo. ¿Cómo tú, que eres griego, comprendiste palabras pronunciadas en una lengua que no es la tuya?

18. Y el mensajero contestó: Interrogué a uno de los judíos sobre lo que quería decir lo que pronunciaban en hebreo y él me lo explicó.

19. Entonces Pilatos intervino, preguntando: ¿Cuál era la exclamación que pronunciaban en hebreo? Y los judíos respondieron: *Hosanna.* Y Pilatos repuso: ¿Cuya es la significación de ese término? Y los judíos replicaron: ¡Señor, salud! Y Pilatos dijo: Vosotros mismos confirmáis que los niños se expresaban de ese modo. ¿En qué, pues, es culpable el mensajero?

20. Y los judíos se callaron. Mas el gobernador dijo al mensajero: Sal, e introdúcelo.

21. Y el mensajero fue hacia Jesús, y le dijo: Señor, entra, porque el gobernador te llama.

22. Y, al entrar Jesús en el Pretorio, las imágenes que los abanderados llevaban por encima de sus estandartes se inclinaron por sí mismas y adoraron a aquél. Y los judíos, viendo que las imágenes se habían inclinado por sí mismas, para adorar a Jesús, elevaron gran clamoreo contra los abanderados.

23. Entonces Pilatos dijo a los judíos: Noto que no rendís homenaje a Jesús, a pesar de que ante él se han inclinado las imágenes para saludarlo, y, en cambio, despotricáis contra los abanderados, como si ellos mismos hubiesen inclinado sus pendones y adorado a Jesús. Y los judíos repusieron: Los hemos visto proceder tal como tú indicas.

24. Y el gobernador hizo que se aproximasen los abanderados y les preguntó por qué habían hecho aquello. Mas los abanderados respondieron a Pilatos: Somos paganos y esclavos de los templos. ¿Concibes siquiera que hubiéramos podido adorar a ese judío? Las banderas que empuñábamos se han inclinado por sí mismas, para adorarlo.

25. En vista de esta contestación, Pilatos dijo a los jefes de la Sinagoga y a los ancianos del pueblo: Elegid por vuestra cuenta hombres fuertes y robustos, que empuñen las banderas, y veremos si ellas se inclinan por sí mismas.

26. Y los ancianos de los judíos escogieron doce varones muy fornidos de su raza, en cuyas manos pusieron las banderas, y los formaron en presencia del gobernador. Y Pilatos dijo al mensajero: Conduce a Jesús fuera del Pretorio, e introdúcelo en seguida. Y Jesús salió del Pretorio con el mensajero.

27. Y Pilatos, dirigiéndose a los que empuñaban las banderas, los conminó, haciendo juramento por la salud del César: Si las banderas se inclinan cuando él entre, os haré cortar la cabeza.

28. Y el gobernador ordenó que entrase Jesús por segunda vez. Y el mensajero rogó de nuevo a Jesús que entrase, pasando sobre el manto que había extendido en tierra. Y Jesús lo hizo y, cuando entró, las banderas se inclinaron y lo adoraron.

Testimonios adversos y favorables a Jesús

II *1.* Viendo esto, Pilatos quedó sobrecogido de espanto y comenzó a agitarse en su asiento. Y, cuando pensaba en levantarse, su mujer, llamada Claudia Prócula, le envió un propio para decirle: No hagas nada contra ese justo, porque he sufrido mucho en sueños esta noche a causa de él.

2. Pilatos, que tal oyó, dijo a todos los judíos: Bien sabéis que mi esposa es pagana y que, sin embargo, ha hecho construir para vosotros numerosas sinagogas. Pues bien: acaba de mandarme a decir que Jesús es un hombre justo y que ha sufrido mucho en sueños esta noche a causa de él.

3. Mas los judíos respondieron a Pilatos: ¿No te habíamos dicho que era un encantador? He aquí que ha enviado a tu esposa un sueño.

4. Y Pilatos, llamando a Jesús, le preguntó: ¿No oyes lo que éstos dicen contra ti? ¿Nada contestas?

5. Jesús repuso: Si no tuviesen la facultad de hablar, no hablarían. Empero, cada uno puede a su grado abrir la boca y decir cosas buenas o malas.

6. Los ancianos de los judíos replicaron a Jesús: ¿Qué es lo que decimos? Primero, que has nacido de la fornicación; segundo, que el lugar de tu nacimiento fue Bethlehem y que, por causa tuya, fueron degollados todos los niños de tu edad; y tercero, que tu padre y tu madre huyeron contigo a Egipto, porque no tenían confianza en el pueblo.

7. Pero algunos judíos que allí se encontraban, y que eran menos perversos que los otros, decían: No afirmaremos que procede de la fornicación, porque sabemos que María se casó con José y que, por ende, Jesús no es hijo ilegítimo.

8. Y Pilatos dijo a los judíos que mantenían ser Jesús producto de fornicación: Vuestro discurso es mentiroso, puesto que hubo casamiento, según lo atestiguan personas de vuestra clase.

9. Empero Anás y Caifás insistieron ante Pilatos, diciendo: Toda la multitud grita que ha nacido de la fornicación y que es un hechicero. Y esos que deponen en contra son sus prosélitos y sus discípulos.

10. Preguntó Pilatos: ¿Qué es eso de prosélitos? Y ellos respondieron: Son hijos de paganos, que ahora se han hecho judíos.

11. Mas Lázaro, Asterio, Antonio, Jacobo, Zaro, Samuel, Isaac, Fineo, Crispo, Agripa, Amenio y Judas dijeron entonces: No somos prosélitos, sino hijos de judíos, y decimos la verdad, porque hemos asistido a las bodas de María.

12. Y Pilatos, dirigiéndose a los doce hombres que así habían hablado, les dijo: Os ordeno, por la salud del

César, que declaréis si decís la verdad y si Jesús no ha nacido de la fornicación.

13. Y ellos contestaron a Pilatos: Nuestra ley nos prohíbe jurar, porque es un pecado. Ordena a ésos que juren, por la salud del César, ser falso lo que nosotros decimos y habremos merecido la muerte.

14. Anás y Caifás dijeron a Pilatos: ¿Creerás a estos doce hombres, que pretenden que no ha nacido de la fornicación y no nos creerás a nosotros, que aseguramos que es un mago, y que se llama a sí mismo hijo de Dios y rey de los hombres?

15. Entonces Pilatos ordenó que saliese todo el pueblo, y que se pusiese aparte a Jesús y, dirigiéndose a los que habían aseverado que éste no era hijo de la fornicación, les preguntó: ¿Por qué los judíos quieren hacer perecer a Jesús? Y ellos le respondieron: Están irritados contra él, porque opera curaciones en día de sábado. Pilatos exclamó: ¿Quieren, pues, hacerlo perecer, por ejecutar una buena obra? Y ellos confirmaron: Así es, en efecto.

Diálogo entre Jesús y Pilatos

III *1.* Lleno de cólera, Pilatos salió del Pretorio, y dijo a los judíos: Pongo al sol por testigo de que nada he encontrado de reprensible en ese hombre.

2. Mas los judíos respondieron al gobernador: Si no fuese un brujo, no te lo hubiéramos entregado. Pilatos dijo: Tomadlo y juzgadlo según vuestra ley. Mas los judíos repusieron: No nos está permitido matar a nadie. Y Pilatos redarguyó: Es a vosotros, y no a mí, a quien Dios preceptuó: No matarás.

3. Y, vuelto al Pretorio, Pilatos llamó a Jesús a solas, y lo interrogó: ¿Eres tú el rey de los judíos? Y

Jesús respondió: ¿Dices esto de ti mismo, o te lo han dicho otros de mí?

4. Pilatos repuso: ¿Por ventura soy judío yo? Tu nación y los príncipes de los sacerdotes te han entregado a mí. ¿Qué has hecho?

5. Contestó Jesús: Mi reino no es de este mundo. Si mi reino fuese de este mundo, mis servidores habrían peleado para que yo no fuera entregado a los judíos. Pero mi reino no es de aquí.

6. Pilatos exclamó: ¿Luego rey eres tú? Replicó Jesús: Tú dices que yo soy rey. Yo para esto he nacido y para esto he venido al mundo: para dar testimonio de la verdad. El que oye mi palabra la verdad escucha.

7. Dijo Pilatos: ¿Qué es la verdad? Y Jesús respondió: La verdad viene del cielo. Pilatos le preguntó: ¿No hay, pues, verdad sobre esta tierra? Y Jesús dijo: Mira cómo los que manifiestan la verdad sobre la tierra son juzgados por los que tienen poder sobre la tierra.

Nuevos cargos de los judíos contra Jesús

IV *1.* Dejando a Jesús en el interior del Pretorio, Pilatos salió, y se fue hacia los judíos, a quienes dijo: No encuentro en él falta alguna.

2. Mas los judíos repusieron: Él ha dicho que podía destruir el templo, y reedificarlo en tres días.

3. Pilatos les preguntó: ¿Qué es el templo? Y los judíos contestaron: El que Salomón tardó cuarenta y seis años en construir, y él asegura que, en sólo tres días, puede aniquilarlo y volver a levantarlo otra vez.

4. Y Pilatos afirmó de nuevo: Inocente soy de la sangre de este hombre. Ved lo que os toca hacer con él.

5. Y los judíos gritaron: ¡Caiga su sangre sobre nosotros y sobre nuestros hijos!

6. Entonces Pilatos, llamando a los ancianos, a los

sacerdotes y a los levitas, les comunicó en secreto: No obréis así, porque nada hallo digno de muerte en lo que le reprocháis de haber violado el sábado. Mas ellos opusieron: El que ha blasfemado contra el César es digno de muerte. Y él ha hecho más, pues ha blasfemado contra Dios.

7. Ante esta pertinacia en la acusación, Pilatos mandó a los judíos que saliesen del Pretorio y, llamando a Jesús, le dijo: ¿Qué haré a tu respecto? Jesús dijo: Haz lo que debes. Y Pilatos preguntó a los judíos: ¿Cómo debo obrar? Jesús respondió: Moisés y los profetas han predicho esta pasión y mi resurrección.

8. Al oír esto, los judíos dijeron a Pilatos: ¿Quieres escuchar más tiempo sus blasfemias? Nuestra ley estatuye que, si un hombre peca contra su prójimo, recibirá cuarenta azotes menos uno, y que el blasfemo será castigado con la muerte.

9. Y Pilatos expuso: Si su discurso es blasfematorio, tomadlo, conducidlo a vuestra Sinagoga, y juzgadlo según vuestra ley. Mas los judíos dijeron: Queremos que sea crucificado. Pilatos les dijo: Eso no es justo. Y, mirando a la asamblea, vio a varios judíos que lloraban, y exclamó: No es voluntad de toda la multitud que muera.

10. Empero, los ancianos dijeron a Pilatos: Para que muera hemos venido aquí todos. Y Pilatos preguntó a los judíos: ¿Qué ha hecho, para merecer la muerte? Y ellos respondieron: Ha dicho que era rey e hijo de Dios.

Defensa de Jesús por Nicodemo

V *1.* Entonces un judío llamado Nicodemo se acercó al gobernador y le dijo: Te ruego me permitas, en tu misericordia, decir algunas palabras. Y Pilatos le dijo: Habla.

2. Y Nicodemo dijo: Yo he preguntado a los ancianos, a los sacerdotes, a los levitas, a los escribas, a toda la multitud de los judíos, en la Sinagoga: ¿Qué queja o agravio tenéis contra este hombre? Él hace numerosos y extraordinarios milagros, tales como nadie los ha hecho, ni se harán jamás. Dejadlo, y no le causéis mal alguno, porque si esos milagros vienen de Dios, serán estables y, si vienen de los hombres, perecerán. Moisés, a quien Dios envió a Egipto, realizó los milagros que el Señor le había ordenado hacer, en presencia del Faraón. Y había allí magos, Jamnés y Mambrés, a quienes los egipcios miraban como dioses, y que quisieron hacer los mismos milagros que Moisés, mas no pudieron imitarlos todos. Y, como los milagros que operaron no provenían de Dios, perecieron, como perecieron también los que en ellos habían creído. Ahora, pues, dejad, repito, a este hombre, porque no merece la muerte.

3. Mas los judíos dijeron a Nicodemo: Te has hecho discípulo suyo y por ello levantas tu voz en su favor.

4. Nicodemo replicó: ¿Es que el gobernador, que habla también en su favor, es discípulo suyo? ¿Es que el César no le ha conferido la misión de ser su ejecutor de la justicia?

5. Mas los judíos, estremecidos de cólera, tremaron los dientes contra Nicodemo, a quien dijeron: Crees en él, y compartirás la misma suerte que él.

6. Y Nicodemo repuso: Así sea. Comparta yo la misma suerte que él, según que vosotros lo decís.

Nuevos testimonios favorables a Jesús

VI *1.* Y otro de los judíos avanzó, pidiendo al gobernador permiso para hablar. Y Pilatos repuso: Lo que quieras decir, dilo.

2. Y el judío habló así: Hacía treinta años que yacía

en mi lecho, y era constantemente presa de grandes sufrimientos, y me hallaba en peligro de perder la vida. Jesús vino, y muchos demoníacos y gentes afligidas de diversas enfermedades fueron curadas por él. Y unos jóvenes piadosos me llevaron a presencia suya en mi lecho. Y Jesús, al verme, se compadeció de mí y me dijo: Levántate, toma tu lecho, y marcha. Y, en el acto, quedé completamente curado, tomé mi lecho y marché.

3. Mas los judíos dijeron a Pilatos: Pregúntale en qué día fue curado. Y él respondió: En día de sábado. Y los judíos exclamaron: ¿No decíamos que en día de sábado curaba las enfermedades y expulsaba los demonios?

4. Y otro judío avanzó y dijo: Yo era un ciego de nacimiento, que oía hablar, pero que a nadie veía. Y Jesús pasó, y yo me dirigí a él, gritando en alta voz: ¡Jesús, hijo de David, ten piedad de mí! Y él tuvo piedad de mí, y puso su mano sobre mis ojos, e inmediatamente recobré la vista.

5. Y otro avanzó y dijo: Yo era leproso, y él me curó con una sola palabra.

Testimonio de la Verónica

VII *1.* Y una mujer, llamada Verónica, dijo: Doce años venía afligiéndome un flujo de sangre y, con sólo tocar el borde de su vestido, el flujo se detuvo en el mismo momento.

2. Y los judíos exclamaron: Según nuestra ley, una mujer no puede venir a deponer como testigo.

Testimonio colectivo de la multitud

VIII *1.* Y algunos otros de la multitud de los judíos, varones y hembras, se pusieron a gritar: ¡Ese hombre es un profeta, y los demonios le están sometidos! Entonces Pilatos preguntó a los acusadores de Jesús: ¿Por qué los demonios no están sometidos a vuestros doctores? Y ellos contestaron: No lo sabemos.

2. Y otros dijeron a Pilatos: Ha resucitado a Lázaro, que llevaba cuatro días muerto, y lo ha sacado del sepulcro.

3. Al oír esto, el gobernador quedó aterrado, y dijo a los judíos: ¿De qué nos servirá verter sangre inocente?

Las turbas prefieren la libertad de Barrabás a la de Jesús. Pilatos se lava las manos

IX *1.* Y Pilatos, llamando a Nicodemo y a los doce hombres que decían que Jesús no había nacido de la fornicación, les habló así: ¿Qué debo hacer ante la sedición que ha estallado en el pueblo? Respondieron: Lo ignoramos. Véanlo ellos mismos.

2. Y Pilatos, convocando de nuevo a la muchedumbre, dijo a los judíos: Sabéis que, según costumbre, el día de los Ázimos os concedo la gracia de soltar a un preso. Encarcelado tengo a un famoso asesino, que se llama Barrabás, y no encuentro en Jesús nada que merezca la muerte. ¿A cuál de los dos queréis que os suelte? Y todos respondieron a voz en grito: ¡Suéltanos a Barrabás!

3. Pilatos repuso: ¿Qué haré, pues, de Jesús, llamado el Cristo? Y exclamaron todos: ¡Sea crucificado!

4. Y los judíos dijeron también: Demostrarás no ser amigo del César si pones en libertad al que se llama a sí mismo rey e hijo de Dios. Y aun quizá deseas que él sea rey en lugar del César.

5. Entonces Pilatos montó en cólera y les dijo:

Siempre habéis sido una raza sediciosa, y os habéis opuesto a los que estaban por vosotros.

6. Y los judíos preguntaron: ¿Quiénes son los que estaban por nosotros?

7. Y Pilatos respondió: Vuestro Dios, que os libró de la dura servidumbre de los egipcios y que os condujo a pie por la mar seca, y que os dio, en el desierto, el maná y la carne de las codornices para vuestra alimentación, y que hizo salir de una roca agua para saciar vuestra sed, y contra el cual, a pesar de tantos favores, no habéis cesado de rebelaros, hasta el punto de que Él quiso haceros perecer. Y Moisés rogó por vosotros, a fin de que no perecieseis. Y ahora decís que yo odio al rey.

8. Mas los judíos gritaron: Nosotros sabemos que nuestro rey es el César, y no Jesús. Porque los magos le ofrecieron presentes como a un rey. Y Herodes, sabedor por los magos de que un rey había nacido, procuró matarlo. Enterado de ello José, su padre, lo tomó junto con su madre, y huyeron los tres a Egipto. Y Herodes mandó dar muerte a los hijos de los judíos, que por aquel entonces habían nacido en Bethlehem.

9. Al oír estas palabras, Pilatos se aterrorizó y, cuando se restableció la calma entre el pueblo que gritaba, dijo: El que buscaba Herodes ¿es el que está aquí presente? Y le respondieron: El mismo es.

10. Y Pilatos tomó agua y se lavó las manos ante el pueblo, diciendo: Inocente soy de la sangre de este justo. Pensad bien lo que vais a hacer. Y los judíos repitieron: ¡Caiga su sangre sobre nosotros y sobre nuestros hijos!

11. Entonces Pilatos ordenó que se trajese a Jesús al tribunal en que estaba sentado, y prosiguió en estos términos, al dictar sentencia contra él: Tu raza no te quiere por rey. Ordeno, pues, que seas azotado, conforme a los estatutos de los antiguos príncipes.

12. Y mandó en seguida que se lo crucificase en el lugar en que había sido detenido, con dos malhechores, cuyos nombres eran Dimas y Gestas.

Jesús en el Gólgota

X *1.* Y Jesús salió del Pretorio y los dos ladrones con él. Y cuando llegó al lugar que se llama Gólgota, los soldados lo desnudaron de sus vestiduras y le ciñeron un lienzo, y pusieron sobre su cabeza una corona de espinas y colocaron una caña en sus manos. Y crucificaron igualmente a los dos ladrones a sus lados, Dimas a su derecha y Gestas a su izquierda.

2. Y Jesús dijo: Padre, perdónalos, y déjalos libres de castigo, porque no saben lo que hacen. Y ellos repartieron entre sí sus vestiduras.

3. Y el pueblo estaba presente, y los príncipes, los ancianos y los jueces se burlaban de Jesús, diciendo: Puesto que a otros salvó, que se salve a sí mismo. Y si es hijo de Dios, que descienda de la cruz.

4. Y los soldados se mofaban de él, y le ofrecían vinagre mezclado con hiel, exclamando: Si eres el rey de los judíos, sálvate a ti mismo.

5. Y un soldado, llamado Longinos, tomando una lanza, le perforó el costado, del cual salió sangre y agua.

6. Y el gobernador ordenó que, conforme a la acusación de los judíos, se inscribiese sobre un rótulo, en letras hebraicas, griegas y latinas: Éste es el rey de los judíos.

7. Y uno de los ladrones que estaban crucificados, Gestas, dijo a Jesús: Si eres el Cristo, líbrate y libértanos a nosotros. Mas Dimas lo reprendió, diciéndole:

¿No temes a Dios tú, que eres de aquellos sobre los cuales ha recaído condena? Nosotros recibimos el castigo justo de lo que hemos cometido, pero él no ha hecho ningún mal. Y, una vez hubo censurado a su compañero, exclamó, dirigiéndose a Jesús: Acuérdate de mí, señor en tu reino. Y Jesús le respondió: En verdad te digo que hoy serás conmigo en el paraíso.

Muerte de Jesús

XI *1.* Era entonces como la hora de sexta del día y grandes tinieblas se esparcieron por toda la tierra hasta la hora de nona. El sol se oscureció, y he aquí que el velo del templo se rasgó en dos partes de alto abajo.

2. Y hacia la hora de nona, Jesús clamó a gran voz: *Hely, Hely, lama zabathani,* lo que significa: Dios mío, Dios mío, ¿por qué me has abandonado?

3. Y en seguida murmuró: Padre mío, encomiendo mi espíritu entre tus manos. Y, dicho esto, entregó el espíritu.

4. Y el centurión, al ver lo que había pasado, glorificó a Dios, diciendo: Este hombre era justo. Y todos los espectadores, turbados por lo que habían visto, volvieron a sus casas, golpeando sus pechos.

5. Y el centurión refirió lo que había ocurrido al gobernador, el cual se llenó de aflicción extrema y ni el uno, ni el otro comieron, ni bebieron, aquel día.

6. Y Pilatos, convocando a los judíos, les preguntó: ¿Habéis sido testigos de lo que ha sucedido? Y ellos respondieron al gobernador: El sol se ha eclipsado de la manera habitual.

7. Y todos los que amaban a Jesús se mantenían a lo lejos, así como las mujeres que lo habían seguido desde Galilea.

8. Y he aquí que un hombre llamado José, varón

bueno y justo, que no había tomado parte en las acusaciones y en las maldades de los judíos, que era de Arimatea, ciudad de Judea, y que esperaba el reino de Dios, pidió a Pilatos el cuerpo de Jesús.

9. Y, bajándolo de la cruz, lo envolvió en un lienzo muy blanco, y lo depositó en una tumba completamente nueva, que había hecho construir para sí mismo, y en la cual ninguna persona había sido sepultada.

Los judíos amenazan a Nicodemo y encierran en un calabozo a José de Arimatea

XII *1.* Sabedores los judíos de que José había pedido el cuerpo de Jesús, lo buscaron, como también a los doce hombres que habían declarado que Jesús no naciera de la fornicación, y a Nicodemo y a los demás que habían comparecido ante Pilatos, y dado testimonio de las buenas obras del Salvador.

2. Todos se ocultaban y únicamente Nicodemo, por ser príncipe de los judíos, se mostró a ellos, y les preguntó: ¿Cómo habéis entrado en la Sinagoga?

3. Y ellos le respondieron: Y tú, ¿cómo has entrado en la Sinagoga, cuando eras adepto del Cristo? Ojalá tengas tu parte con él en los siglos futuros. Y Nicodemo contestó: Así sea.

4. Y José se presentó igualmente a ellos y les dijo: ¿Por qué estáis irritados contra mí, a causa de haber yo pedido a Pilatos el cuerpo de Jesús? He aquí que yo lo he depositado en mi propia tumba, y lo he envuelto en un lienzo muy blanco, y he colocado una gran piedra al lado de la gruta. Habéis obrado mal contra el justo, y lo habéis crucificado, y lo habéis atravesado a lanzadas.

5. Al oír esto, los judíos se apoderaron de José y lo encerraron, hasta que pasase el día del sábado. Y le dijeron: En este momento, por ser tal día, nada podemos hacer contra ti. Pero sabemos que no eres digno de sepultura y abandonaremos tu carne a las aves del cielo y a las bestias de la tierra.

6. Y José respondió: Esas vuestras palabras son semejantes a las de Goliath el soberbio, que se levantó contra el Dios vivo, y a quien hirió David. Dios ha dicho por la voz del profeta: Me reservaré la venganza. Y Pilatos, con el corazón endurecido, lavó sus manos en pleno sol, exclamando: Inocente soy de la sangre de ese justo. Y vosotros habéis contestado: ¡Caiga su sangre sobre nosotros y sobre nuestros hijos! Y mucho temo que la cólera de Dios caiga sobre vosotros y sobre vuestros hijos, como habéis proclamado.

7. Al oír a José expresarse de este modo, los judíos se llenaron de rabia, y, apoderándose de él, lo encerraron en un calabozo sin reja que dejara penetrar el menor rayo de luz. Y Anás y Caifás colocaron guardias a la puerta y pusieron su sello sobre la llave.

8. Y tuvieron consejo con los sacerdotes y con los levitas, para que se reuniesen todos después del día del sábado, y deliberasen sobre qué genero de muerte infligirían a José.

9. Y cuando estuvieron reunidos, Anás y Caifás ordenaron que se les trajese a José. Y, quitando el sello, abrieron la puerta y no encontraron a José en el calabozo en que lo habían encerrado. Y toda la asamblea quedó sumida en el mayor estupor, porque habían encontrado sellada la puerta. Y Anás y Caifás se retiraron.

Los soldados atestiguan la resurrección de Jesús.
Temor de los judíos, al saberlo

XIII *1.* Y, mientras ellos no salían de su asombro, uno de los soldados a quienes habían encomendado la guardia del sepulcro entró en la Sinagoga y dijo:

Cuando vigilábamos la tumba de Jesús, la tierra tembló y hemos visto a un ángel de Dios, que quitó la piedra del sepulcro y que se sentó sobre ella. Y su semblante brillaba como el relámpago y sus vestidos eran blancos como la nieve. Y nosotros quedamos como muertos de espanto. Y oímos al ángel que decía a las mujeres que habían ido al sepulcro de Jesús: No temáis. Sé que buscáis a Jesús el crucificado, el cual resucitó, como lo había predicho. Venid, y ved el lugar en que había sido colocado, y apresuraos a avisar a sus discípulos que ha resurgido de entre los muertos, y que va delante de vosotros a Galilea, donde lo veréis.

2. Y los judíos, convocando a todos los soldados que habían puesto para guardar a Jesús, les preguntaron: ¿Qué mujeres fueron aquellas a quienes el ángel habló? ¿Por qué no os habéis apoderado de ellas?

3. Replicaron los soldados: No sabemos qué mujeres eran, y quedamos como difuntos, por el mucho temor que nos inspiró el ángel. ¿Cómo, en estas condiciones, habríamos podido apoderarnos de dichas mujeres?

4. Los judíos exclamaron: ¡Por la vida del Señor, que no os creemos! Y los soldados respondieron a los judíos: Habéis visto a Jesús hacer milagros, y no habéis creído en él. ¿Cómo creeríais en nuestras palabras? Con razón juráis por la vida del Señor, pues vive el Señor a quien encerrasteis en el sepulcro. Hemos sabido que habéis encarcelado en un calabozo, cuya puerta habéis sellado, a ese José que embalsamó el cuerpo de Jesús, y que, cuando fuisteis a buscarlo, no lo encontrasteis. Devolvednos a José, a quien aprisionasteis, y os devolveremos a Jesús, cuyo sepulcro hemos guardado.

5. Los judíos dijeron: Devolvednos a Jesús y os devolveremos a José, porque éste se halla en la ciudad de

Arimatea. Mas los soldados contestaron: Si José está en Arimatea, Jesús está en Galilea, puesto que así lo anunció a las mujeres el ángel.

6. Oído lo cual, los judíos se sintieron poseídos de temor y se dijeron entre sí: Cuando el pueblo escuche estos discursos, todos en Jesús creerán.

7. Y reunieron una gruesa suma de dinero, que entregaron a los soldados, advirtiéndoles: Decid que, mientras dormíais, llegaron los discípulos de Jesús al sepulcro y robaron su cuerpo. Y, si el gobernador Pilatos se entera de ello, lo apaciguaremos en vuestro favor y no seréis inquietados.

8. Y los soldados, tomando el dinero, dijeron lo que los judíos les habían recomendado.

Intrigas de los judíos para invalidar la resurrección de Jesús

XIV *1.* Y un sacerdote llamado Fineo, y el maestro de escuela Addas, y el levita Ageo llegaron los tres de Galilea a Jerusalén, y dijeron a todos los que estaban en la Sinagoga: A Jesús, por vosotros crucificado, lo hemos visto en el Monte los Olivos, sentado entre sus discípulos, hablando con ellos y diciéndoles: Id por el mundo, predicad a todas las naciones, y bautizad a los gentiles en el nombre del Padre, del Hijo y del Espíritu Santo. Y el que crea y sea bautizado será salvo. Y, no bien hubo dicho estas cosas a sus discípulos, lo vimos subir al cielo.

2. Al oír esto, los príncipes de los sacerdotes, los ancianos del pueblo y los levitas dijeron a aquellos tres hombres: Glorificad al Dios de Israel, y tomadlo por testigo de que lo que habéis visto y oído es verdadero.

3. Y ellos respondieron: Por la vida del Señor de nuestros padres, Dios de Abraham, de Isaac y de Jacob, declaramos decir la verdad. Hemos oído a Jesús hablar con sus discípulos y lo hemos visto subir al cielo. Si callásemos ambas cosas, cometeríamos un pecado.

4. Y los príncipes de los sacerdotes, levantándose en seguida, exclamaron: No repitáis a nadie lo que habéis dicho de Jesús. Y les dieron una fuerte suma de dinero.

5. Y los hicieron acompañar por tres hombres, para que se restituyesen a su país, y no hiciesen estada alguna en Jerusalén.

6. Y, habiéndose reunido todos los judíos, se entregaron entre sí a grandes meditaciones, y dijeron: ¿Qué es lo que ha sobrevenido en Israel?

7. Y Anás y Caifás, para consolarlos, replicaron: ¿Es que vamos a creer a los soldados, que guardaban el sepulcro de Jesús, y que aseguraron que un ángel abrió su losa? ¿Por ventura no han sido sus discípulos los que les dieron mucho oro para que hablasen así, y los dejasen a ellos robar el cuerpo de Jesús? Sabed que no cabe conceder fe alguna a las palabras de esos extranjeros, porque, habiendo recibido de nosotros una fuerte suma, hayan por doquiera dicho lo que nosotros les encargamos que dijesen. Ellos pueden ser infieles a los discípulos de Jesús lo mismo que a nosotros.

Intervención de Nicodemo en los debates de la Sinagoga. Los judíos mandan llamar a José de Arimatea y oyen las noticias que éste les da

XV *1.* Y Nicodemo se levantó y dijo: Rectamente habláis, hijos de Israel. Os habéis enterado de lo que han dicho esos tres hombres, que juraron sobre la ley del Señor haber oído a Jesús hablar con sus discípulos en el monte de los Olivos, y haberlo visto subir al cielo. Y la Escritura nos enseña que el bienaventurado Elías fue transportado al cielo, y que Eliseo, interrogado por los hijos de los profetas sobre dónde había ido su hermano Elías, respondió que les había sido arrebatado. Y los hijos de los profetas le dijeron: Acaso nos lo ha arrebatado el espíritu, y lo ha depositado sobre las montañas de Israel. Pero elijamos hombres que vayan con nosotros, y recorramos esas montañas, donde quizá lo encontremos. Y suplicaron así a Eliseo, que caminó con ellos tres días, y no encontraron a Elías. Y ahora, escuchadme, hijos de Israel. Enviemos hombres a las montañas, porque acaso el espíritu ha arrebatado a Jesús, y quizá lo encontremos, y haremos penitencia.

2. Y el parecer de Nicodemo fue del gusto de todo el pueblo, y enviaron hombres, que buscaron a Jesús, sin encontrarlo, y que, a su vuelta, dijeron: No hemos hallado a Jesús en ninguno de los lugares que hemos recorrido, pero hemos hallado a José en la ciudad de Arimatea.

3. Y, al oír esto, los príncipes y todo el pueblo se regocijaron, y glorificaron al Dios de Israel de que hubiesen encontrado a José, a quien habían encerrado en un calabozo, y a quien no habían podido encontrar.

4. Y, reuniéndose en una gran asamblea, los príncipes de los sacerdotes se preguntaron entre sí: ¿Cómo podremos traer a José entre nosotros, y hacerlo hablar?

5. Y tomando papel, escribieron a José por este tenor: Sea la paz contigo, y con todos los que están contigo. Sabemos que hemos pecado contra Dios y contra ti. Dígnate, pues, venir hacia tus padres y tus hijos, porque tu marcha del calabozo nos ha llenado de sorpresa. Reconocemos que habíamos concebido contra ti un perverso designio, y que el Señor te ha protegido, librándote de nuestras malas intenciones. Sea la paz contigo, José, hombre honorable entre todo el pueblo.

6. Y eligieron siete hombres, amigos de José, y les

dijeron: Cuando lleguéis a casa de José, dadle el saludo de paz, y entregadle la carta.

7. Y los hombres llegaron a casa de José, y lo saludaron, y le entregaron la carta. Y luego que José la hubo leído, exclamó: ¡Bendito sea el Señor Dios, que ha preservado a Israel de la efusión de mi sangre! ¡Bendito seas, Dios mío, que me has protegido con tus alas!

8. Y José abrazó a los embajadores, y los acogió y regaló en su domicilio.

9. Y, al día siguiente, montando en un asno, se puso en camino con ellos, y llegaron a Jerusalén.

10. Y, cuando los judíos se enteraron de su llegada, corrieron todos ante él, gritando y exclamando: ¡Sea la paz a tu llegada, padre José! Y él repuso: ¡Sea la paz del Señor con todo el pueblo!

11. Y todos lo abrazaron. Y Nicodemo lo recibió en su casa, acogiéndolo con gran honor y con gran complacencia.

12. Y, al siguiente día, que lo era de la fiesta de Preparación, Anás, Caifás y Nicodemo dijeron a José: Rinde homenaje al Dios de Israel, y responde a todo lo que te preguntemos. Irritados estábamos contra ti, porque habías sepultado el cuerpo de Jesús, y te encerramos en un calabozo, donde no te encontramos, al buscarte, lo que nos mantuvo en plena sorpresa y en pleno espanto, hasta que hemos vuelto a verte. Cuéntanos, pues, en presencia de Dios, lo que te ha ocurrido.

13. Y José contestó: Cuando me encerrasteis, el día de Pascua, mientras me hallaba en oración a medianoche, la casa quedó como suspendida en los aires. Y vi a Jesús, brillante como un relámpago, y, acometido de terror, caí por tierra. Y Jesús, tomándome por la mano, me elevó por encima del suelo, y un sudor frío cubría mi frente. Y él, secando mi rostro, me dijo: Nada temas, José. Mírame y reconóceme, porque soy yo.

14. Y lo miré, y exclamé, lleno de asombro: ¡Oh Señor Elías! Y él me dijo: No soy Elías, sino Jesús de Nazareth, cuyo cuerpo has sepultado.

15. Y yo le respondí: Muéstrame la tumba en que te deposité. Y Jesús, tomándome por la mano otra vez, me condujo al lugar en que lo había sepultado, y me mostró el sudario y el paño en que había envuelto su cabeza.

16. Entonces reconocí que era Jesús, y lo adoré, diciendo: ¡Bendito el que viene en nombre del Señor!

17. Y Jesús, tomándome por la mano de nuevo, me condujo a mi casa de Arimatea, y me dijo: Sea la paz contigo, y, durante cuarenta días, no salgas de tu casa. Yo vuelvo ahora cerca de mis discípulos.

Estupor de los judíos ante las declaraciones de José de Arimatea

XVI *1.* Cuando los sacerdotes y los levitas oyeron tales cosas, quedaron estupefactos y como muertos. Y, vueltos en sí, exclamaron: ¿Qué maravilla es la que se ha manifestado en Jerusalén? Porque nosotros conocemos al padre y a la madre de Jesús.

2. Y cierto levita explicó: Sé que su padre y su madre eran personas temerosas del Altísimo, y que estaban siempre en el templo, orando, y ofreciendo hostias y holocaustos al Dios de Israel. Y, cuando Simeón, el Gran Sacerdote, lo recibió, dijo, tomándolo en sus brazos: Ahora, Señor, envía a tu servidor en paz, según tu palabra, porque mis ojos han visto al Salvador que has preparado para todos los pueblos, luz que ha de servir para la gloria de tu raza de Israel. Y aquel mismo Simeón bendijo también a María, madre de Jesús, y le dijo: Te anuncio, respecto a este niño, que ha nacido para la ruina y para la resurrección de muchos, y como signo de contradicción.

3. Entonces los judíos propusieron: Mandemos a buscar a los tres hombres que aseguran haberlo visto con sus discípulos en el monte de los Olivos.

4. Y, cuando así se hizo, y aquellos tres hombres llegaron, y fueron interrogados, respondieron con unánime voz: Por la vida del Señor, Dios de Israel, hemos visto manifiestamente a Jesús con sus discípulos en el monte de las Olivas, y asistido al espectáculo de su subida al cielo.

5. En vista de esta declaración, Anás y Caifás tomaron a cada uno de los testigos aparte, y se informaron de ellos separadamente. Y ellos insistieron sin contradicción en confesar la verdad, y en aseverar que habían visto a Jesús.

6. Y Anás y Caifás pensaron: Nuestra ley preceptúa que, en la boca de dos o tres testigos, toda palabra es válida. Pero sabemos que el bienaventurado Enoch, grato a Dios, fue transportado al cielo por la palabra de Él, y que la tumba del bienaventurado Moisés no se encontró nunca, y que la muerte del profeta Elías no es conocida. Jesús, por lo contrario, ha sido entregado a Pilatos, azotado, abofeteado, coronado de espinas, atravesado por una lanza, crucificado, muerto sobre el madero, y sepultado. Y el honorable padre José, que depositó su cadáver en un sepulcro nuevo, atestigua haberlo visto vivo. Y estos tres hombres certifican haberlo encontrado con sus discípulos en el monte de los Olivos, y haber asistido al espectáculo de su subida al cielo.

Descenso de Cristo al Infierno
(Descensus Christi ad Inferos)
Nuevas y sensacionales declaraciones de José de Arimatea

XVII *1.* Y José, levantándose, dijo a Anás y a Caifás: Razón tenéis para admiraros, al saber que Jesús ha sido visto resucitado y ascendiendo al empíreo. Pero aún os sorprenderéis más de que no sólo haya resucitado, sino de que haya sacado del sepulcro a muchos otros muertos, a quienes gran número de personas han visto en Jerusalén.

2. Y escuchadme ahora, porque todos sabemos que aquel bienaventurado Gran Sacerdote, que se llamó Simeón, recibió en sus manos, en el templo, a Jesús niño. Y Simeón tuvo dos hijos, hermanos de padre y de madre, y todos hemos presenciado su fallecimiento y asistido a su entierro. Pues id a ver sus tumbas, y las hallaréis abiertas, porque los hijos de Simeón se hallan en la villa de Arimatea, viviendo en oración. A veces se oyen sus gritos, mas no hablan a nadie, y permanecen silenciosos como muertos. Vayamos hacia ellos, y tratémoslos con la mayor amabilidad. Y, si con suave insistencia los interrogamos, quizá nos hablen del misterio de la resurrección de Jesús.

3. A cuyas palabras todos se regocijaron, y Anás, Caifás, Nicodemo, José y Gamaliel, yendo a los sepulcros, no encontraron a los muertos, pero, yendo a Arimatea, los encontraron arrodillados allí.

4. Y los abrazaron con sumo respeto y en el temor de Dios, y los condujeron a la Sinagoga de Jerusalén.

5. Y, no bien las puertas se cerraron, tomaron el libro santo, lo pusieron en sus manos, y los conjuraron por el Dios *Adonaí,* Señor de Israel, que ha hablado por la Ley y por los profetas, diciendo: Si sabéis quién es el que os ha resucitado de entre los muertos, decidnos cómo habéis sido resucitados.

6. Al oír esta adjuración, Carino y Leucio sintieron estremecerse sus cuerpos, y, temblorosos y emocionados, gimieron desde el fondo de su corazon.

7. Y, mirando al cielo, hicieron con su dedo la señal de la cruz sobre su lengua.

8. Y, en seguida, hablaron, diciendo: Dadnos resmas de papel, a fin de que escribamos lo que hemos visto y oído.

9. Y, habiéndoselas dado, se sentaron, y cada uno de ellos escribió lo que sigue.

Carino y Leucio comienzan su relato

XVIII *1.* Jesucristo, Señor Dios, vida y resurrección de muertos, permítenos enunciar los misterios por la muerte de tu cruz, puesto que hemos sido conjurados por ti.

2. Tú has ordenado no referir a nadie los secretos de tu majestad divina, tales como los has manifestado en los infiernos.

3. Cuando estábamos con nuestros padres, colocados en el fondo de las tinieblas, un brillo real nos iluminó de súbito, y nos vimos envueltos por un resplandor dorado como el del sol.

4. Y, al contemplar esto, Adán, el padre de todo el género humano, estalló de gozo, así como todos los patriarcas y todos los profetas, los cuales clamaron a una: Esta luz es el autor mismo de la luz, que nos ha prometido transmitirnos una luz que no tendrá ni desmayos ni término.

Isaías confirma uno de sus vaticinios

XIX *1.* Y el profeta Isaías exclamó: Es la luz del Padre, el Hijo de Dios, como yo predije, estando en tierras de vivos: en la tierra de Zabulón y en la tierra de Nephtalim. Más allá del Jordán, el pueblo que estaba sentado en las tinieblas, vería una gran luz, y esta luz brillaría sobre los que estaban en la región de la muerte. Y ahora ha llegado, y ha brillado para nosotros, que en la muerte estábamos.

2. Y, como sintiésemos inmenso júbilo ante la luz que nos había esclarecido, Simeón, nuestro padre, se aproximó a nosotros, y, lleno de alegría, dijo a todos: Glorificad al Señor Jesucristo, que es el Hijo de Dios, porque yo lo tuve recién nacido en mis manos en el templo e, inspirado por el Espíritu Santo, lo glorifiqué y dije: Mis ojos han visto ahora la salud que has preparado en presencia de todos los pueblos, la luz para la revelación de las naciones, y la gloria de tu pueblo de Israel.

3. Al oír tales cosas, toda la multitud de los santos se alborozó en gran manera.

4. Y, en seguida, sobrevino un hombre, que parecía un ermitaño. Y, como todos le preguntasen quién era, respondió: Soy Juan, el oráculo y el profeta del Altísimo, el que precedió a su advenimiento al mundo, a fin de preparar sus caminos, y de dar la ciencia de la salvación a su pueblo para la remisión de los pecados. Y, viéndolo llegar hacia mí, me sentí poseído por el Espíritu Santo, y le dije: He aquí el Cordero de Dios, que quita los pecados del mundo. Y lo bauticé en el río del Jordán, y vi al Espíritu Santo descender sobre él bajo la figura de una paloma. Y oí una voz de los cielos, que decía: Éste es mi Hijo amado, en quien tengo todas mis complacencias, y a quien debéis escuchar. Y ahora, después de haber precedido a su advenimiento, he descendido hasta vosotros, para anunciaros que, dentro de poco, el mismo Hijo de Dios, levantándose de lo alto, vendrá a visitarnos, a nosotros, que estamos sentados en las tinieblas y en las sombras de la muerte.

La profecía hecha por el arcángel Miguel a Seth

XX *1.* Y, cuando el padre Adán, el primer formado, oyó lo que Juan dijo de haber sido Jesús bautizado en el Jordán, exclamó, hablando a su hijo Seth: Cuenta a tus hijos, los patriarcas y los profetas, todo lo que oíste del arcángel Miguel, cuando, estando yo enfermo, te envié a las puertas del Paraíso, para que el Señor permitiese que su ángel diera aceite del árbol de la misericordia, que ungiese mi cuerpo.

2. Entonces Seth, aproximándose a los patriarcas y a los profetas, expuso: Me hallaba yo, Seth, en oración delante del Señor, a las puertas del Paraíso, y he aquí que Miguel, el numen de Dios, me apareció, y me dijo: He sido enviado a ti por el Señor, y presido sobre el cuerpo humano. Y te declaro, Seth, que es inútil pidas y ruegues con lágrimas el aceite del árbol de la misericordia, para ungir a tu padre Adán, y para que cesen los sufrimientos de su cuerpo. Porque de ningún modo podrás recibir ese aceite hasta los días postrimeros, cuando se hayan cumplido cinco mil años. Entonces, el Hijo de Dios, lleno de amor, vendrá a la tierra, y resucitará el cuerpo de Adán, y al mismo tiempo resucitará los cuerpos de los muertos. Y, a su venida, será bautizado en el Jordán, y, una vez haya salido del agua, ungirá con el aceite de su misericordia a todos los que crean en él, y el aceite de su misericordia será para los que deban nacer del agua y del Espíritu Santo para la vida eterna. Entonces Jesucristo, el Hijo de Dios, lleno

de amor, y descendido a la tierra, introducirá a tu padre Adán en el Paraíso y lo pondrá junto al árbol de la misericordia.

3. Y, al oír lo que decía Seth, todos los patriarcas y todos los profetas se henchieron de dicha.

Discusión entre Satanás y la Furia en los infiernos

XXI *1.* Y, mientras todos los padres antiguos se regocijaban, he aquí que Satanás, príncipe y jefe de la muerte, dijo a la Furia: prepárate a recibir a Jesús, que se vanagloria de ser el Cristo y el Hijo de Dios, y que es un hombre temerosísimo de la muerte, puesto que yo mismo lo he oído decir: Mi alma está triste hasta la muerte. Y entonces comprendí que tenía miedo de la cruz.

2. Y añadió: Hermano, aprestémonos, tanto tú como yo, para el mal día. Fortifiquemos este lugar, para poder retener aquí prisionero al llamado Jesús que, al decir de Juan y de los profetas, debe venir a expulsarnos de aquí. Porque ese hombre me ha causado muchos males en la tierra, oponiéndose a mí en muchas cosas, y despojándome de multitud de recursos. A los que yo había matado, él les devolvió la vida. Aquellos a quienes yo había desarticulado los miembros, él los enderezó por su sola palabra, y les ordenó que llevasen su lecho sobre los hombros. Hubo otros que yo había visto ciegos y privados de la luz, y por cuya cuenta me regocijaba, al verlos quebrarse la cabeza contra los muros, y arrojarse al agua, y caer, al tropezar en los atascaderos, y he aquí que este hombre, venido de no sé dónde, y, haciendo todo lo contrario de lo que yo hacía, les devolvía la vista por sus palabras. Ordenó a un ciego de nacimiento que lavase sus ojos con agua y con barro en la fuente de Siloé, y aquel ciego recobró la vista. Y, no sabiendo a qué otro lugar retirarme, tomé conmigo a mis servidores, y me alejé de Jesús. Y, habiendo encontrado a un joven, entré en él, y moré en su cuerpo. Ignoro cómo Jesús lo supo, pero es lo cierto que llegó adonde yo estaba, y me intimó la orden de salir. Y, habiendo salido, y no sabiendo dónde entrar, le pedí permiso para meterme en unos puercos, lo que hice, y los estrangulé.

3. Y la Furia, respondiendo a Satanás, dijo: ¿Quién es ese príncipe tan poderoso y que, sin embargo, teme la muerte? Porque todos los poderosos de la tierra quedan sujetos a mi poder desde el momento en que tú me los traes sometidos por el tuyo. Si, pues, tú eres tan poderoso, ¿quién es ese Jesús que, temiendo la muerte, se opone a ti? Si hasta tal punto es poderoso en su humanidad, en verdad te digo que es todopoderoso en su divinidad, y que nadie podrá resistir a su poder. Y, cuando dijo que temía la muerte, quiso engañarte, y constituirá tu desgracia en los siglos eternos.

4. Pero Satanás, el príncipe de la muerte, respondió y dijo: ¿Por qué vacilas en aprisionar a ese Jesús, adversario de ti tanto como de mí? Porque yo lo he tentado, y he excitado contra él a mi antiguo pueblo judío, excitando el odio y la cólera de éste. Y he aguzado la lanza de la persecución. Y he hecho preparar madera para crucificarlo, y clavos para atravesar sus manos y sus pies. Y le he dado a beber hiel mezclada con vinagre. Y su muerte está próxima, y te lo traeré sujeto a ti y a mi.

5. Y la Furia respondió, y dijo: Me has informado de que él es quien me ha arrancado los muertos. Muchos están aquí, que retengo, y, sin embargo, mientras vivían sobre la tierra, muchos me han arrebatado muertos, no por su propio poder, sino por las plegarias que dirigieron a su Dios todopoderoso, que fue quien ver-

daderamente me los llevó. ¿Quién es, pues, ese Jesús, que por su palabra, me ha arrancado muertos? ¿Es quizá el que ha vuelto a la vida, por su palabra imperiosa, a Lázaro, fallecido hacía cuatro días, lleno de podredumbre y en disolución, y a quien yo retenía como difunto?

6. Y Satanás, el príncipe de la muerte, respondió y dijo: Ese mismo Jesús es.

7. Y, al oírlo, la Furia repuso: Yo te conjuro, por tu poder y por el mío, que no lo traigas hacia mí. Porque, cuando me enteré de la fuerza de su palabra, temblé, me espanté y, al mismo tiempo, todos mis ministros impíos quedaron tan turbados como yo. No pudimos retener a Lázaro, el cual, con toda la agilidad y con toda la velocidad del águila, salió de entre nosotros, y esta misma tierra que retenía su cuerpo privado de vida se la devolvió. Por donde ahora sé que ese hombre, que ha podido cumplir cosas tales, es el Dios fuerte en su imperio, y poderoso en la humanidad, y Salvador de ésta, y, si le traes hacia mí, libertará a todos los que aquí retengo en el rigor de la prisión, y encadenados por los lazos no rotos de sus pecados y, por virtud de su divinidad, los conducirá a la vida que debe durar tanto como la eternidad.

Entrada triunfal de Jesús en los infiernos

XXII *1.* Y, mientras Satanás y la Furia así hablaban, se oyó una voz como un trueno, que decía: Abrid vuestras puertas, vosotros, príncipes. Abríos, puertas eternas, que el Rey de la Gloria quiere entrar.

2. Y la Furia, oyendo la voz, dijo a Satanás: Anda, sal, y pelea contra él. Y Satanás salió.

3. Entonces la Furia dijo a sus demonios: Cerrad las grandes puertas de bronce, cerrad los grandes cerrojos de hierro, cerrad con llave las grandes cerraduras, y poneos todos de centinela, porque, si este hombre entra, estamos todos perdidos.

4. Y, oyendo estas grandes voces, los santos antiguos exclamaron: Devoradora e insaciable Furia, abre al Rey de la Gloria, al hijo de David, al profetizado por Moisés y por Isaías.

5. Y otra vez se oyó la voz de trueno que decía: Abrid vuestras puertas eternas, que el Rey de la Gloria quiere entrar.

6. Y la Furia gritó, rabiosa: ¿Quién es el Rey de la Gloria? Y los ángeles de Dios contestaron: El Señor poderoso y vencedor.

7. Y, en el acto, las grandes puertas de bronce volaron en mil pedazos, y los que la muerte había tenido encadenados se levantaron.

8. Y el Rey de la Gloria entró en figura de hombre, y todas las cuevas de la Furia quedaron iluminadas.

9. Y rompió los lazos, que hasta entonces no habían sido quebrantados, y el socorro de una virtud invencible nos visitó, a nosotros, que estábamos sentados en las profundidades de las tinieblas de nuestras faltas y en la sombra de la muerte de nuestros pecados.

Espanto de las potestades infernalesante la presencia de Jesús

XXIII *1.* Al ver aquello, los dos príncipes de la muerte y del infierno, sus impíos oficiales y sus crueles ministros quedaron sobrecogidos de espanto en sus propios reinos, cual si no pudiesen resistir la deslumbradora claridad de tan viva luz, y la presencia del Cristo, establecido de súbito en sus moradas.

2. Y exclamaron con rabia impotente: Nos has vencido. ¿Quién eres tú, a quien el Señor envía para nuestra confusión? ¿Quién eres tú, tan pequeño y tan grande, tan humilde y tan elevado, soldado y general, combatiente admirable bajo la forma de un esclavo, Rey de la Gloria muerto en una cruz y vivo, puesto que desde tu sepulcro has descendido hasta nosotros? ¿Quién eres tú, en cuya muerte ha temblado toda criatura, y han sido conmovidos todos los astros, y que ahora permaneces libre entre los muertos, y turbas a nuestras legiones? ¿Quién eres tú, que redimes a los cautivos, y que inundas de luz brillante a los que están ciegos por las tinieblas de sus pecados?

3. Y todas las legiones de los demonios, sobrecogidos por igual terror, gritaban en el mismo tono, con sumisión temerosa y con voz unánime, diciendo: ¿De dónde eres, Jesús, hombre tan potente, tan luminoso, de majestad tan alta, libre de tacha y puro de crimen? Porque este mundo terrestre que hasta el día nos ha estado siempre sometido, y que nos pagaba tributos por nuestros usos abominables, jamás nos ha enviado un muerto tal como tú, ni destinado semejantes presentes a los infiernos. ¿Quién, pues, eres tú, que has franqueado sin temor las fronteras de nuestros dominios, y que no solamente no temes nuestros suplicios infernales, sino que pretendes librar a los que retenemos en nuestras cadenas? Quizá eres ese Jesús, de quien Satanás, nuestro príncipe, decía que, por su suplicio en la cruz, recibiría un poder sin límites sobre el mundo entero.

4. Entonces el Rey de la Gloria, aplastando en su majestad a la muerte bajo sus pies, y tomando a nuestro primer padre, privó a la Furia de todo su poder y atrajo a Adán a la claridad de su luz.

Imprecaciones acusadoras de la Furia contra Satanás

XXIV *1.* Y la Furia, bramando, aullando y abrumando a Satanás con violentos reproches, le dijo: Belzebú, príncipe de condenación, jefe de destrucción, irrisión de los ángeles de Dios, ¿qué has querido hacer? ¿Has querido crucificar al Rey de la Gloria, sobre cuya ruina y sobre cuya muerte nos habías prometido tan grandes despojos? ¿Ignoras cuán locamente has obrado? Porque he aquí que este Jesús disipa, por el resplandor de su divinidad, todas las tinieblas de la muerte. Ha atravesado las profundidades de las más sólidas prisiones, libertando a los cautivos, y rompiendo los hierros de los encadenados. Y he aquí que todos los que gemían bajo nuestros tormentos nos insultan, y nos acribillan con sus imprecaciones. Nuestros imperios y nuestros reinos han quedado vencidos, y no sólo no inspiramos ya terror a la raza humana, sino que, al contrario, nos amenazan y nos injurian aquellos que, muertos, jamás habían podido mostrar soberbia ante nosotros, ni jamás habían podido experimentar un momento de alegría durante su cautividad. Príncipe de todos los males y padre de los rebeldes e impíos, ¿qué has querido hacer? Los que, desde el comienzo del mundo hasta el presente, habían desesperado de su vida y de su salvación no dejan oír ya sus gemidos. No resuena ninguna de sus quejas clamorosas, ni se advierte el menor vestigio de lágrimas sobre la faz de ninguno de ellos. Rey inmundo, poseedor de las llaves de los infiernos, has perdido por la cruz las riquezas que habías adquirido por la prevaricación y por la pérdida del Paraíso. Toda tu dicha se ha disipado y, al poner en la cruz a ese Cristo, Jesús, Rey de la Gloria, has obrado contra ti y contra mí. Sabe para en adelante cuántos tormentos eternos y cuántos suplicios infinitos te están reservados bajo mi guarda, que no conoce término. Luzbel, monarca de todos los perversos, autor de la muerte y fuente del orgullo, antes que nada hubieras debido buscar un reproche justiciero que dirigir a Jesús. Y, si no encontrabas en él falta alguna, ¿por qué, sin razón, has osado crucificarlo injustamente, y traer a nuestra región al inocente y al justo, tú, que has perdido a los malos, a los impíos y a los injustos del mundo entero?

2. Y, cuando la Furia acabó de hablar así a Satanás, el Rey de la Gloria dijo a la primera: El príncipe Satanás quedará bajo tu potestad por los siglos de los siglos, en lugar de Adán y de sus hijos, que me son justos.

Jesús toma a Adán bajo su protección y los antiguos profetas cantan su triunfo

XXV *1.* Y el Señor extendió su mano, y dijo: Venid a mí, todos mis santos, hechos a mi imagen y a mi semejanza. Vosotros, que habéis sido condenados por el madero, por el diablo y por la muerte, veréis a la muerte y al diablo condenados por el madero.

2. Y, en seguida, todos los santos se reunieron bajo la mano del Señor. Y el Señor, tomando la de Adán, le dijo: Paz a ti y a todos tus hijos, mis justos.

3. Y Adán, vertiendo lágrimas, se prosternó a los pies del Señor, y dijo en voz alta: Señor, te glorificaré, porque me has acogido, y no has permitido que mis enemigos triunfasen sobre mí para siempre. Hacia ti clamé, y me has curado, Señor. Has sacado mi alma de los infiernos, y me has salvado, no dejándome con los que descienden al abismo. Cantad las alabanzas del Señor, todos los que sois santos, y confesad su santidad. Porque la cólera está en su indignación, y en su voluntad está la vida.

4. Y asimismo todos los santos de Dios se prosternaron a los pies del Señor, y dijeron con voz unánime: Has llegado, al fin, Redentor del mundo, y has cumplido lo que habías predicho por la ley y por tus profetas. Has rescatado a los vivos por tu cruz, y, por la muerte en la cruz, has descendido hasta nosotros, para arrancarnos del infierno y de la muerte, por tu majestad. Y, así como has colocado el título de tu gloria en el cielo, y has elevado el signo de la redención, tu cruz, sobre la tierra, de igual modo, Señor, coloca en el infierno el signo de la victoria de tu cruz, a fin de que la muerte no domine más.

5. Y el Señor, extendiendo su mano, hizo la señal de la cruz sobre Adán y sobre todos sus santos. Y, tomando la mano derecha de Adán, se levantó de los infiernos, y todos los santos lo siguieron.

6. Entonces el profeta David exclamó con enérgico tono: Cantad al Señor un cántico nuevo, porque ha hecho cosas admirables. Su mano derecha y su brazo nos han salvado. El Señor ha hecho conocer su salud, y ha revelado su justicia en presencia de todas las naciones.

7. Y toda la multitud de los santos respondió, diciendo: Esta gloria es para todos los santos. Así sea. Alabad a Dios.

8. Y entonces el profeta Habacuc exclamó, diciendo: Has venido para la salvación de tu pueblo, y para la liberación de tus elegidos.

9. Y todos los santos respondieron, diciendo: Bendito el que viene en nombre del Señor, y nos ilumina.

10. Igualmente el profeta Miqueas exclamé, diciendo: ¿Qué Dios hay como tú, Señor, que desvaneces las iniquidades, y que borras los pecados? Y ahora contienes el testimonio de tu cólera. Y te inclinas más a la misericordia. Has tenido piedad de nosotros, y nos has absuelto de nuestros pecados, y has sumido todas nuestras iniquidades en el abismo de la muerte, según que habías jurado a nuestros padres en los días antiguos.

11. Y todos los santos respondieron, diciendo: Es nuestro Dios para siempre, por los siglos de los siglos, y durante todos ellos nos regirá. Así sea. Alabad a Dios.

12. Y los demás profetas recitaron también pasajes de sus viejos cánticos, consagrados a alabar a Dios. Y todos los santos hicieron lo mismo.

Llegada de los santos antiguos al Paraíso y su encuentro con Enoch y con Elías

XXVI *1.* Y el Señor, tomando a Adán por la mano, lo puso en las del arcángel Miguel, al cual siguieron asimismo todos los santos.

2. Y los introdujo a todos en la gracia gloriosa del Paraíso, y dos hombres, en gran manera ancianos, se presentaron ante ellos.

3. Y los santos los interrogaron, diciendo: ¿Quiénes sois vosotros, que no habéis estado en los infiernos con nosotros, y que habéis sido traídos corporalmente al Paraíso?

4. Y uno de ellos repuso: Yo soy Enoch, que he sido transportado aquí por orden del Señor. Y el que está conmigo es Elías, el Tesbita, que fue arrebatado por un carro de fuego. Hasta hoy no hemos gustado la muerte, pero estamos reservados para el advenimiento del Anticristo, armados con enseñas divinas, y pródigamente preparados para combatir contra él, para darle muerte en Jerusalén, y para, al cabo de tres días y medio, ser de nuevo elevados vivos en las nubes.

Llegada del buen ladrón al Paraíso

XXVII *1.* Y mientras Enoch y Elías así hablaban,

he aquí que sobrevino un hombre muy miserable, que llevaba sobre sus espaldas el signo de la cruz.

2. Y, al verlo, todos los santos le preguntaron: ¿Quién eres? Tu aspecto es el de un ladrón. ¿De dónde vienes, que llevas el signo de la cruz sobre tus espaldas?

3. Y él, respondiéndoles, dijo: Con verdad habláis, porque yo he sido un ladrón, y he cometido crímenes en la tierra. Y los judíos me crucificaron con Jesús, y vi las maravillas que se realizaron por la cruz de mi compañero, y creí que es el Creador de todas las criaturas, y el rey todopoderoso, y le rogué, exclamando: Señor, acuérdate de mí, cuando estés en tu reino. Y, acto seguido, accediendo a mi súplica, contestó: En verdad te digo que hoy serás conmigo en el Paraíso. Y me dio este signo de la cruz, advirtiéndome: Entra en el Paraíso llevando esto, y, si su ángel guardián no quiere dejarte entrar, muéstrale el signo de la cruz, y dile: Es Jesucristo, el hijo de Dios, que está crucificado ahora, quien me ha enviado a ti. Y repetí estas cosas al ángel guardián, que, al oírmelas, me abrió presto, me hizo entrar, y me colocó a la derecha del Paraíso, diciendo: Espera un poco, que pronto Adán, el padre de todo el género humano, entrará con todos sus hijos, los santos y los justos del Cristo, el Señor crucificado.

4. Y, cuando hubieron escuchado estas palabras del ladrón, todos los patriarcas, con voz unánime, clamaron: Bendito sea el Señor todopoderoso, padre de las misericordias y de los bienes eternos, que ha concedido tal gracia a los pecadores, y que los ha introducido en la gloria del Paraíso, y en los campos fértiles en que reside la verdadera vida espiritual. Así sea.

Carino y Leucio concluyen su relato

XXVIII *1.* Tales son los misterios divinos y sagrados que oímos y vivimos, nosotros, Carino y Leucio.

2. Mas no nos está permitido proseguir, y contar los demás misterios de Dios, como el arcángel Miguel los declaró altamente, diciéndonos: Id con vuestros hermanos a Jerusalén, y permaneced en oración, bendiciendo y glorificando la resurrección del Señor Jesucristo, vosotros a quienes él ha resucitado de entre los muertos. No habléis con ningún nacido, y permaneced como mudos, hasta que llegue la hora en que el Señor os permita referir los misterios de su divinidad.

3. Y el arcángel Miguel nos ordenó ir más allá del Jordán, donde están varios, que han resucitado con nosotros en testimonio de la resurrección del Cristo. Porque hace tres días solamente que se nos permite, a los que hemos resucitado de entre los muertos, celebrar en Jerusalén la Pascua del Señor con nuestros parientes, en testimonio de la resurrección del Cristo, y hemos sido bautizados en el santo río del Jordán, recibiendo todos ropas blancas.

4. Y, después de los tres días de la celebración de la Pascua, todos los que habían resucitado con nosotros fueron arrebatados por nubes. Y, conducidos más allá del Jordán, no han sido vistos por nadie.

5. Estas son las cosas que el Señor nos ha ordenado referiros. Alabadlo, confesadlo y haced penitencia, a fin de que os trate con piedad. Paz a vosotros en el Señor Dios Jesucristo, Salvador de todos los hombres. Amén.

6. Y, no bien hubieron terminado de escribir todas estas cosas sobre resmas separadas de papel, se levantaron. Y Carino puso lo que había escrito en manos de

Anás, de Caifás y de Gamaliel. E igualmente Leucio dio su manuscrito a José y a Nicodemo.

7. Y, de súbito, quedaron transfigurados, y aparecieron cubiertos de vestidos de una blancura deslumbradora, y no se los vio más.

8. Y se encontró ser sus escritos exactamente iguales en extensión y en dicción, sin que hubiese entre ellos una letra de diferencia.

9. Y toda la Sinagoga quedó en extremo sorprendida, al ter aquellos discursos admirables de Carino y de Leucio. Y los judíos se decían los unos a los otros: Verdaderamente es Dios quien ha hecho todas estas cosas, y bendito sea el Señor Jesús por los siglos de los siglos. Amén.

10. Y salieron todos de la Sinagoga con gran inquietud, temor y temblor, dándose golpes de pecho, y cada cual se retiró a su casa.

11. Y José y Nicodemo contaron todo lo ocurrido al gobernador, y Pilato escribió cuanto los judíos habían dicho tocante a Jesús, y puso todas aquellas palabras en los registros públicos de su Pretorio.

Pilatos en el templo

XXIX *1.* Después de esto, Pilatos, habiendo entrado en el templo de los judíos, congregó a todos los príncipes de los sacerdotes, a los escribas y a los doctores de la ley.

2. Y penetró con ellos en el santuario, y ordenó que se cerrasen todas las puertas, y les dijo: He sabido que poseéis en este templo una gran colección de libros, y os mando que me los mostréis.

3. Y, cuando cuatro de los ministros del templo hubieron aportado aquellos libros adornados con oro y con piedras preciosas, Pilatos dijo a todos: Por el Dios vuestro Padre, que ha hecho y ordenado que este templo fuera construido, os conjuro a que no me ocultéis la verdad. Sabéis todos vosotros lo que en estos libros está escrito. Pues ahora manifestadme si encontráis en las Escrituras que ese Jesús, a quien habéis crucificado, es el Hijo de Dios, que debía venir para la salvación del género humano, y explicadme cuántos años debían transcurrir hasta su venida.

4. Así apretados por el gobernador, Anás y Caifás hicieron salir de allí a los demás, que estaban con ellos, y ellos mismos cerraron todas las puertas del templo y del santuario, y dijeron a Pilatos: Nos pides, invocando la edificación del templo, que te manifestemos la verdad, y que te demos razón de los misterios. Ahora bien: luego que hubimos crucificado a Jesús, ignorando que era el Hijo de Dios, y pensando que hacía milagros por arte de encantamiento, celebramos una gran asamblea en este mismo lugar. Y, consultando entre nosotros sobre las maravillas que había realizado Jesús, hemos encontrado muchos testigos de nuestra raza, que nos han asegurado haberlo visto vivo después de la pasión de su muerte. Hasta hemos hallado dos testigos de que Jesús había resucitado cuerpos de muertos. Y hemos tenido en nuestras manos el relato por escrito de los grandes prodigios cumplidos por Jesús entre esos difuntos. Y es nuestra costumbre que cada año, al abrir los libros sagrados ante nuestra Sinagoga, busquemos el testimonio de Dios. Y, en el primer libro de los Setenta, donde el arcángel Miguel habla al tercer hijo de Adán, encontramos mención de los cinco mil años que debían transcurrir hasta que descendiese del cielo el Cristo, el Hijo bien amado de Dios, y consideramos que el Señor de Israel dijo a Moisés: Haz un arca de alianza de dos codos y medio de largo, de codo y medio de alto, y de codo y medio de ancho. En estos

cinco codos y medio hemos comprendido y adivinado el simbolismo de la fábrica del arca del Antiguo Testamento, simbolismo significativo de que, al cabo de cinco millares y medio de años, Jesucristo debía venir al mundo en el arca de su cuerpo, y de que, conforme al testimonio de nuestras Escrituras, es el Hijo de Dios y el Señor de Israel. Porque, después de su pasión, nosotros, príncipes de los sacerdotes, presa de asombro ante los milagros que se operaron a causa de él, hemos abierto estos libros, y examinado todas las generaciones hasta la generación de José y de María, madre de Jesús. Y, pensando que era de la raza de David, hemos encontrado lo que ha cumplido el Señor. Y, desde que creó el cielo, la tierra y el hombre, hasta el diluvio, transcurrieron dos mil doscientos doce años. Y, desde el diluvio hasta Abraham, novecientos doce años. Y, desde Abraham hasta Moisés, cuatrocientos treinta años. Y, desde Moisés hasta David, quinientos diez años. Y, desde David hasta la cautividad de Babilonia, quinientos años. Y, desde la cautividad de Babilonia hasta la encarnación de Jesucristo, cuatrocientos años. Los cuales forman en conjunto cinco millares y medio de años. Y así resulta que Jesús, a quien hemos crucificado, es el verdadero Cristo, hijo del Dios omnipotente.

Primera carta de Pilatos a Tiberio
Carta de Pilatos al emperador

XXX *1.* Poncio Pilatos a Claudio Tiberio César, salud.

2. Por este escrito mío sabrás que sobre Jerusalén han recaído maravillas tales como jamás se vieran.

3. Los judíos, por envidia a un profeta suyo, llamado Jesús, lo han condenado y castigado cruelísimamente, a pesar de ser un varón piadoso y sincero, a quien sus discípulos tenían por Dios.

4. Lo había dado a luz una virgen, y las tradiciones judías habían vaticinado que sería rey de su pueblo.

5. Devolvía la vista a los ciegos, limpiaba a los leprosos, hacía andar a los paralíticos, expulsaba a los demonios del interior de los posesos, resucitaba a los muertos, imperaba sobre los vientos y sobre las tempestades, caminaba por encima de las ondas del mar, y realizaba tantas y tales maravillas que, aunque el pueblo lo llamaba Hijo de Dios, los príncipes de los judíos, envidiosos de su poder, lo prendieron, me lo entregaron, y, para perderlo, mintieron ante mí, diciéndome que era un mago, que violaba el sábado, y que obraba contra su ley.

6. Y yo, mal informado y peor aconsejado, les creí, hice azotar a Jesús y lo dejé a su discreción.

7. Y ellos lo crucificaron, lo sepultaron, y pusieron en su tumba, para custodiarlo, soldados que me pidieron.

8. Empero, al tercer día resucitó, escapando a la muerte.

9. Y, al conocer prodigio tamaño, los príncipes de los judíos dieron dinero a los guardias, advirtiéndole: Decid que sus discípulos vinieron al sepulcro, y robaron su cuerpo.

10. Mas, no bien hubieron recibido el dinero, los guardias no pudieron ocultar mucho tiempo la verdad, y me la revelaron.

11. Y yo te la transmito, para que abiertamente la conozcas, y para que no ignores que los príncipes de los judíos han mentido.

11
EVANGELIO DE FELIPE

1. y el Señor me ha descubierto lo que el alma debe decir, cuando llegue al cielo, y lo que debe contestar a las preguntas de la virtudes celestes.

2. Yo me he reconocido y recatado, y no he engendrado hijos para el mundo, sino que he extirpado sus raíces.

3. Y conozco quiénes sois, porque yo mismo soy del número de las cosas celestes.

4. Y en diciendo esto, se la deja pasar, y si ha engendrado hijos se la detiene hasta que esos hijos vuelvan a ella, y ella les retire de los cuerpos que animaron en la tierra.

5. Y vine a Hierópolis, de Asia, y los habitantes de esta ciudad adoraban a una víbora.

6. Y estaban conmigo Bartolomé y su hermana Mariana.

7. Y, apoderándose de mí los habitantes de Hierópolis, me hicieron sufrir muchos tormentos, y ninguno quiso oír la palabra divina más que el primero que me recibió.

8. Y éste fue bautizado, así como toda su casa y familia, y la mujer del procónsul.

9. Y me maltrataron, y me hirieron los talones, y me crucificaron con la cabeza hacia abajo.

10. Y pusieron a Bartolomé en otra cruz y metieron a Mariana en prisión.

11. y Juan estaba allí, y le pedí que orase para que cayese fuego del cielo y consumiese a todos aquellos infieles.

12. Y Juan no quiso, y tres días después de su partida oré, y se abrió la tierra, y todos los idólatras fueron devorados por el infierno.

13. Y se me apareció el Salvador y me recordó el precepto de no devolver mal por mal.

14. Y añadió: Puesto que has violado mis mandamientos, y te has vengado de los que te han hecho el mal, tú dormirás aquí, y cuando mis ángeles te lleven al Paraíso, no podrás entrar en él, y durante cuarenta días permanecerás fuera, en la aflicción, porque has castigado a los que te hicieron sufrir, y después entrarás y ocuparás el sitio que está reservado para ti.

15. Y el Salvador, recogiendo a los que habían sido hundidos en el infierno, subió a los cielos.

16. Y ordené a Bartolomé y a Mariana que dijesen a Jacobo y a los demás apóstoles que ayunasen y que orasen por mí, durante cuarenta días.

17. Y los apóstoles prescribieron a todos los fieles ayunos y plegarias durante cuarenta días...

12
EVANGELIO DE BARTOLOMÉ

L. Serafines del Padre, acudid a regocijaros por el perdón que Adán ha obtenido, y que la permite recobrar su primitivo estado.

2. El Padre ordenó a Miguel que hiciese comparecer a Adán y a Eva en presencia suya.

3. Creedlo, Bartolomé, y hermanos apóstoles: Ningún hombre tiene una imagen semejante a la de Adán, si no es la del Salvador.

4. Iba cubierto de perlas y rayos luminosos se escapaban de su faz, semejantes alos del sol naciente.

5. Y sobre su frente estaban escritos caracteres brillantes que ningún ojo mortal hubiera podido leer.

6. Y Eva, a su vez, brillaba con todos los ornamentos del Espíritu Santo.

7. Y dos vírgenes, espíritus puros, cantaban con ella, llamándo-le *Zoe* (la vida), la madre de todos los vivientes.

8. Y el Padre de bondad, tomando la palabra, dijo a Adán: Puesto que has transgredido mis órdenes y no has observado mis preceptos, mi hijo ha ido a operar tu

redención, y es María quien le ha dado el ser. Y Eva tendrá como ella el título de madre en mi reino.

9. Y el Salvador, dirigiéndose a Miguel, le dijo: Reúne a todos los ángeles del cielo, y que vengan a adorarme hoy, porque he conseguido reconciliarme con quien era mi imagen.

10. Y cuando Adán oyó el beneficio inmenso que le había sido otorgado, su corazón se llenó de gozo, y se dirigió a la Divinidad en estos términos: Acudid, legiones celestes, regocijaos conmigo, porque Dios me ha perdonado mis pecados.

11. Y los coros de ángeles cantaron: Jesús, hijo de Dios vivo, tu misericordia se ha extendido sobre Adán, tu criatura.

12. Y llegaron todos los justos: Abraham, el amigo de Dios; Isaac, a quien el pecado no manchó; Jacob, el santo; Job, tan grande por su paciencia, y Moisés, el primero de los profetas, así como todos los que nunca dejaron de cumplir los preceptos divinos.

13. Y yo, Bartolomé, pasé varios días sin comer ni beber, porque el esplendor de que era testigo bastaba a mi sustento. ¡Oh, mis hermanos los apóstoles, participad de mi alegría y de la gracia que Dios ha hecho a Adán y a sus hijos!

14. Y todos le contestaron: Bien, hermano querido. Se te llamará Bartolomé, el apóstol, aquel a quien todos los misterios de Dios le han sido revelados. Y Bartolomé les dijo: Perdonadme, hermanos. Soy el último de vosotros, y la pobreza reina en mi casa.

15. Y cuando mis conciudadanos me vieron, exclamaron: ¿No es este Bartolomé, el labrador? ¿No es él quien habita la quinta de Hierocates, el gobernador de nuestra ciudad, y quien va a vender al mercado las legumbres? ¿En dónde ha tomado su nueva grandeza?

Antes no hacía más ruido que el de su miseria, y hoy hace milagros divinos.

16. Y, cuando el Salvador nos condujo al Monte Olivete, nos habló en una lengua desconocida, y nos dijo: *Anethrath*. Y los cielos se abrieron de extremo a extremo, y sus vestiduras fueron blancas como la nieve, y el Salvador se elevó al empíreo ante la extrañeza de nuestros ojos.

17. Y, prosternándose ante su buen Padre, le dijo: ¡Oh Padre, ten piedad de mis hermanos los apóstoles, y dales una bendición infinita!

18. Y el Padre, de acuerdo con el Hijo, y con el Espíritu Santo, extendió su mano sobre Pedro y le consagró arzobispo del universo, diciendo: Tú serás el jefe y el príncipe de mi reino.

19. Y lo serás también del mundo entero, porque yo, y mi Hijo, y el Espíritu Santo, te hemos impuesto las manos...

20. Y bendijo así a Andrés: Tú serás la estrella luminosa de la Jerusalén celeste.

21. Y tú, Jacobo, en todas las ciudades a que vayas, me verás, así como a mi Hijo, antes de entrar en ellas.

22. Y tú, Juan, muy amado de mí y de mi Hijo, serás bendito en mi reino.

23. Y, en cuantas ciudades y pueblos te reciban, verás ante ti la cruz de mi Hijo, para animarte en tu misión.

24. Tu poder, Mateo, se elevará tanto que tu sombra podrá resucitar los muertos.

25. Jacobo, hijo de Alfeo, todo el poder del diablo no prevalecerá contra tu cuerpo ni contra tus predicaciones en ningún sitio del mundo. Y a quien tú te unas no se le separará de *ti* en la eternidad.

26. Simón Zelotas, ninguno de los sitios en que pre-

diques la palabra de mi Hijo, serás invadido por un poder enemigo.

27. Y tu renombre, bienaventurado Matías, será el pasmo del mundo, pues que tenías riquezas y las has abandonado por servirme.

28. Y oyendo las legiones celestes las bendiciones repartidas por el Padre a los apóstoles, exclamaron: Amén.

29. Y ahora, vosotros, hermanos míos, los apóstoles, perdonad a Bartolomé. Y los apóstoles, levantándose, le abrazaron.

30. Y fueron a ofrecer el sacrificio. Y la Santa Virgen estaba junto a ellos en aquella hora.

31. Y, cuando hubieron tomado la carne y la sangre del Hijo de Dios, el suave aroma de su sacrificio se elevó hasta el séptimo cielo.

13
EVANGELIO DE BERNABÉ

1. En el momento en que los judíos se preparaban para ir a capturar en el huerto de los Olivos a Jesús, éste fue arrebatado al tercer cielo.

2. Porque no morirá hasta el fin del mundo, y se crucificó a Judas en su lugar.

3. Dios permitió que el discípulo traidor pareciese a los judíos hasta tal punto semejante en su rostro a Jesús, que lo tomasen por él, y que, como a tal, lo entregasen a Pilatos.

4. Aquella semejanza era tamaña, que la misma Virgen María y los mismos apóstoles fueron engañados por ella.

5. Y, el día en que se publicó el decreto del Gran Sacerdote, la Virgen María volvió a Jerusalén con Jacobo, con Juan y conmigo.

6. Y, temerosa de Dios, y aun sabiendo que el decreto del Gran Sacerdote era injusto, ordenó a los que residían con ella que olvidasen a su Hijo, profeta tan santo, y muerto, sin embargo, con tanta ignominia.

7. Mas Dios, que conoce lo que pasa en el corazón

de los hombres, comprendía que estábamos abrumados de dolor, a causa de la muerte de Judas, la cual mirábamos como la de Jesús mismo, nuestro maestro, y que experimentábamos el más vivo deseo de verlo, después de su resurrección.

8. He aquí por qué los ángeles que guardaban a la Virgen María subieron al tercer cielo, en que Jesús estaba acompañado de sus ángeles, y lo enteraron de lo que ocurría.

9. Entonces Jesús pidió a Dios que le diese medios de ver a su madre y a sus discípulos.

10. Y Dios, lleno de misericordia, ordenó a cuatro de sus ángeles más queridos, Gabriel, Miguel, Rafael y Uriel, que llevasen a Jesús a la casa de su madre, y que lo guardasen allí durante tres días consecutivos, no dejándolo ver por más personas que por las que creyesen en su doctrina.

11. Y Jesús, rodeado de esplendor, llegó a la habitación en que estaba la Virgen María, con sus dos hermanas, y Marta con María Magdalena, y Lázaro conmigo, y Juan con Jacobo y con Pedro. Y, al verlo, fuimos presa de tal pavor, que caímos todos al suelo como muertos.

12. Mas Jesús, levantando a su madre y a sus discípulos, dijo: No temáis, ni lloréis, porque vivo estoy, y no difunto, como habéis creído.

13. Y cada cual permaneció largo tiempo como fuera de sí, ante el asombro de ver a Jesús, a quien juzgaban muerto.

14. Y, con grandes gemidos, la Virgen exclamó: Te ruego, hijo mío, que me digas por qué, habiéndote dado Dios el poder de resucitar a los muertos, has sufrido la muerte tú, con gran vergüenza para tus parientes y para tus amigos, y con gran oprobio para tu doctrina, de

suerte que todos los que te aman están como heridos de estupor y de agonía.

15. Mas Jesús, abrazando a su madre, repuso: Puedes creerme, madre mía, cuando afirmo que nunca he muerto, y que Dios me ha reservado hasta el fin del mundo.

16. Y, habiendo hablado así, ordenó a los cuatro ángeles que se dejasen ver, y que diesen testimonio del modo como las cosas habían ocurrido.

17. Y los ángeles aparecieron como cuatro soles deslumbrantes, y de nuevo todos los asistentes, presa de pavor, cayeron como muertos.

18. Entonces Jesús dio cuatro velos a los ángeles para que se cubriesen, y para que, de esta manera, su madre y sus discípulos pudiesen soportar su aspecto, y oírlos hablar.

19. Y, animándolos a ello, dijo: He aquí a los ministros de Dios. Gabriel anuncia los secretos divinos. Miguel combate a los enemigos del Altísimo. Rafael recibe las almas de los muertos. Uriel, en el último día, llamará a juicio a todos los hombres.

20. Y los ángeles contaron a la Virgen lo que Dios les había mandado, y cómo Judas había sufrido una transformación para que sufriese la pena que había querido infligir a otro.

21. Y yo, Bernabé, dije a Jesús: ¿Me permitirás, oh maestro, dirigirte una pregunta, como cuando habitabas entre nosotros?

22. Y Jesús repuso: Pregunta, Bernabé, todo lo que quieras, y te responderé.

23. Y yo inquirí: Maestro, puesto que Dios es misericordioso, ¿por qué nos ha atormentado así, y por qué ha consentido que creyésemos que había muerto, mientras tu madre te lloraba hasta el punto de hallarse muy cerca de morir también? Y a ti, que eres el Santo de

Dios, ¿cómo éste te ha dejado expuesto a la infamia de morir sobre el Calvario, entre dos ladrones?

24. Y Jesús contestó: Créeme, Bernabé. Siendo Dios la pureza misma, no puede ver en sus servidores la menor falta, que no castigue severamente. Y, como mi madre y mis discípulos me amaban con un afecto demasiado terrestre y humano, Dios, que es justo, ha querido castigar este afecto en el mundo mismo, y no hacerlo expiar por las llamas del infierno. Aunque yo hubiese llevado en la tierra una vida inocente, no obstante, como los hombres me habían llamado Dios e Hijo de Dios, mi Padre, no queriendo que fuese, en el día del juicio, un objeto de burla para los demonios, prefirió que fuese en el mundo un objeto de afrenta por la muerte de Judas en la cruz, y que todos quedasen persuadidos de que yo había sufrido este suplicio infamante. Y esa afrenta durará hasta la muerte de Mahoma, que, cuando venga al mundo, sacará de semejante error a todos los que creen en la ley de Dios.

Copyright © 2023 por DP Éditions
Portada : Canva.com
ISBN Ebook 979-10-299-1518-5
ISBN Tapa blanda 979-10-299-1519-2
Todos los derechos reservados